에리히 프롬의 『사랑의 기술』 읽기

세창명저산책_100

에리히 프롬의 『사랑의 기술』 읽기

초판 1쇄 인쇄   2023년 6월 5일
초판 1쇄 발행   2023년 6월 12일

—

지은이   박찬국
펴낸이   이방원
기획위원   원당희
책임편집   정우경   **책임디자인**   양혜진
마케팅   최성수 · 김 준   **경영지원**   이병은

—

펴낸곳   세창미디어

신고번호 제2013-000003호   주소 03736 서울시 서대문구 경기대로 58 경기빌딩 602호

전화 723-8660   팩스 720-4579   이메일 edit@sechangpub.co.kr   홈페이지 http://www.sechangpub.co.kr

블로그 blog.naver.com/scpc1992   페이스북 fb.me/Sechangofficial   인스타그램 @sechang_official

—

ISBN   978-89-5586-762-6   02160

에리히 프롬의
『사랑의 기술』 읽기

박찬국 지음

세창명저산책_**100**

세창미디어
MEDIA

카라바조, 〈승리자 아모르〉, 1601.

서문

『사랑의 기술』은 2009년도 기준, 전 세계적으로 2500만 부가 팔린 세계적인 초베스트셀러다. 『사랑의 기술』은 하버드대 학생들이 가장 좋아하는 책으로 선정될 정도로, 지금도 세계 곳곳에서 꾸준히 읽히고 있다. 『사랑의 기술』이 이렇게 엄청난 독자층을 확보할 수 있었던 것은 무엇보다도 그 책의 내용이 훌륭하기 때문일 것이다. 사실 프롬이 이 책에서 제시하는 통찰은 예리하면서도 인간의 가능성에 대한 신뢰로 가득 차 있다. 그러나 그에 못지않게 중요한 이유는 어떻게 사랑을 해야 하는지에 대해 고민하는 사람들이 그만큼 많았기 때문일 것이다.

사실 누구나 사랑 때문에 고뇌해 본 적이 있을 것이다. 우리는 사랑으로 인해 기쁨을 느끼기도 하지만, 사랑으로 인해 슬픔에 빠지고 심지어 절망에 빠지는 경우도 있다. 자식을 사랑하기 때문에 자식의 성공을 함께 기뻐하기도 하지만, 자식에게 닥친 재앙으로 인해 함께 절망에 빠지기도 한다. 사랑하는 이성의 사랑을 얻을 때 우리는 세상을 다 가진 것처럼 기뻐하지만, 그 사람이 우리의 사랑을 거부할 때 우리는 절망에 빠진다. 우리가 웃고 우는 대부분의 이유가 사랑 때문이라고 할 수 있다.

따라서 불교에서는 사랑을 집착으로 보면서 항상 평정한 마음을 유지하려면 모든 집착에서 벗어나라고 말한다. 그러나 사랑이라는 감정을 끊어 내기는 쉽지 않다. 그것이 그렇게 쉬우면 부처도 평생 명상을 하지는 않았을 것이다. 부처가 왕자로 태어났던 샤카족이 당시의 강대국 코살라왕국에 의해 멸망당했을 때, 부처도 3일 동안 두통을 앓았다고 하지 않는가? 머리에서 나는 열이 얼마나 심했던지 이마에 물을 뿌리니 물이 김을 내며 끓었다고 한다. 흡사 달아오른 쇳덩이에 물을 뿌린 것 같았을 정도였다.

우리는 흔히 사랑이란 감정을 자기 마음대로 좌우할 수 있다고 생각한다. 그러나 사실 많은 경우 우리는 사랑이란 감정에 대해서 무력하다. 세상 사람 모두가 못생겼다고 생각하는 자식도 부모의 눈에는 세상에서 가장 아름다운 존재로 보인다. 자식에 대한 부모의 사랑은 부모 마음대로 생기는 것이 아니라 자식의 탄생과 함께 운명처럼 찾아온다. 따라서 자식에 대한 사랑은 부모 마음대로 끊어 낼 수 있는 것이 아니다. 연인에 대한 사랑도 마찬가지다. 사랑이란 감정은 갑자기 우리를 찾아오고, 우리는 그 감정을 떨쳐 버리고 싶어도 쉽게 떨쳐 버리지 못한다.

사랑이란 감정은 우리의 온몸과 마음을 사로잡으면서 우리의 온 에너지를 사랑의 대상에 쏟게 만든다. 따라서 사랑은 불가능하게 보이는 일도 가능하게 만들 정도로 위대한 힘을 갖는다. 자녀에 대한 부모의 사랑은 자녀의 양육이라는 힘든 일을 부모가 기꺼이 떠맡게 하고, 연인에 대한 사랑은 연인을 위해서 목숨을 바치는 것도 가능하게 한다. 위대한 종교도, 위대한 예술작품도 모두 신과 아름다움에 대한 사랑이 없이는 불가능하다.

그러나 사랑은 또한 위험한 것이기도 하다. 많은 사랑이 상대방의 개성과 고유한 인격을 존중하는 성숙한 형태가 아니라, 사실은 사랑하는 상대를 통해서 자신의 욕망을 구현하고 싶어 하는 집착의 형태를 띤다. 부모는 자녀의 적성이나 개성 그리고 소망을 고려하지 않고 자녀에게 자신의 욕망을 강요하곤 한다. 연인에 대한 사랑에도 연인을 소유하고 지배하고 싶어 하는 욕망이 개입되기 쉽다. 따라서 우리는 사랑을 통해서 서로 성숙하고 함께 행복하기보다는, 사랑으로 인해 힘들어하고 슬픔과 좌절에 빠지는 경우도 많다. 그리고 우리의 사랑은 쉽게 증오로 바뀐다.

우리가 듣는 노래 대부분이 부모에 대한 사랑이든 연인에 대한 사랑이든 조국에 대한 사랑이든 사랑을 주제로 하고 있다. 그 정도로 우리의 관심은 온통 사랑에 쏠려 있다. 그러나 우리는 과연 사랑에 대해서 잘 알고 있는가? 우리는 사랑이란 진지하게 탐구할 필요가 없을 정도로 자명한 현상이라고 생각한다. 그리고 사랑하는 방법도 이미 잘 알고 있다고 생각한다. 사실 동물도 새끼를 사랑하는 방법에 대해서 이론적으로 전혀 알지 못하지만 새끼를 잘 양육하지 않는가?

인간이 다른 동물들과 동일한 존재라면 우리는 사랑으로 인해 그렇게 고뇌하지도 않을 것이다. 인간은 본능적으로 연인과 관계를 맺을 것이고 본능적으로 자녀들을 잘 키울 것이다. 그러나 인간에게는 다른 동물들과 달리 본능의 힘이 약화된 대신에 생각하는 능력인 이성이라는 것이 생겼다. 이와 함께 인간은 자신의 삶도 본능보다는 자신의 생각에 따라서 개척하게 되었다.

그 결과, 인간의 경우에는 사랑도 다양한 형태로 나타나게 된다. 어떤 부모는 자녀의 인격을 존중하면서 그들을 밝고 건강한 인간으로 키우는 반면에, 어떤 부모는 자녀에게 폭언과 폭력을 행사하면서 그들의 인생을 망가뜨린다. 어떤 연인은 서로를 존중하면서 아름다운 사랑을 꽃피우는 반면에, 어떤 연인은 서로를 소유하고 지배하려고 하면서 서로를 힘들게 하고 망가뜨린다.

우리는 인간의 사랑은 왜 동물 세계에서는 볼 수 없는 병적인 형태를 띠곤 하는지, 그리고 인간의 사랑이 어떻게 하면 건강한 사랑이 될 수 있는지를 고민해야 한다. 우리는 보통 사랑이 저절로 생긴다고 생각하지만, 프롬은 제대로 사랑하는 것이야말로 가장 어려운 것이며 끊임없는 노력과 훈련이 필요하다고 본다.

『사랑의 기술』에서 프롬은 동물의 사랑과 비교할 때 인간의 사랑이 갖는 특수한 성격, 모성애와 부성애 그리고 연인 간의 사랑 등이 취할 수 있는 건강한 형태와 병적인 형태, 건강한 사랑을 구현하기 위해 우리가 노력해야 하는 것 등에 대해서 깊이 있는 통찰을 제시하고 있다. 『사랑의 기술』은 1956년에 쓰였고 그 후 70년에 가까운 세월이 흘렀지만, 이러한 통찰은 오늘날에도 여전히 우리에게 큰 감동을 준다. 『사랑의 기술』은 공자나 부처, 플라톤이나 칸트의 책들과 같은 고전적인 철학서들과 마찬가지로 우리 자신을 돌이켜 보게 하는 강력한 힘을 갖고 있다. 이 책, 『에리히 프롬의 《사랑의 기술》 읽기』는 사랑에 대한 프롬의 통찰을 최대한 명료하면서도 이해하기 쉽게 전달하는 것을 목표하고 있다.

『사랑의 기술』을 쓰기 전, 프롬은 『자유로부터의 도피』, 『자립적인 인간』, 『건전한 사회』를 썼고 이런 책들에서 이미 자신의 근본 사상을 전개하였다. 따라서 프롬 자신이 『사랑의 기술』 서문에서 쓰고 있듯이 『사랑의 기술』에는 위의 책들에서 프롬이 이미 서술한 내용과 겹치는 부분들이 많이 발견된다. 그렇다고 해서 『사랑의 기술』이 그 이전 책들의 내용을 단순히 되풀이하거나 요약하는 것은 아니다. 프롬은 다른 책들에서 말했던 것을 '사랑'이라는 주제를 실마리로 하여 이 책에서 새롭게 조명하고 있다.

『사랑의 기술』이란 책에 대해서 프롬이 한 말과 동일한 말을 나는 『사랑의 기술』에 대한 이 해설서에 대해서도 해야 할 것 같다. 나 역시 지금까지 프롬에 대해서 여러 책과 논문을 썼다. 이런 글들에서 나는 프롬이 『사랑의 기술』에서 말하고 있는 것을 상당 부분 원용했다. 따라서 『사랑의 기술』에 대한 이 해설서와 프롬에 관해 내가 이전에 쓴 글들에는 내용상 겹치는 부분들이 상당수 있다. 그러나 이 해설서는 『사랑의 기술』을 집중적으로 해설하면서, 내가 그전에 프롬에 대해 썼던 글들에서 서술했던 내용을 사랑이란 주제를 중심으로 하여 새롭게 조명한 작업이라고 할 수 있다.

어떻든 이 해설서에는 프롬에 관한 나의 이전 글들과 내용 면에서 유사하고 중복되는 부분들이 상당수 있을 것이다. 그러나 교양 도서의 성격상 세부적인 출처 표기는 하지 않았다. 이 점 독자들의 너그러운 양해 부탁드린다. 다만 이 책 6장으로 덧붙인 '프롬의 행복관' 부분은 내가 이미 발표한 논문 「목적론적 입장에서 본 행복」(『동서사상』 11, 경북대학교 인문학술원, 2011)을 수정, 보완한 것임을 밝혀 둔다.

이 부분에서 나는 프롬의 행복관을 아리스토텔레스의 행복관과 비교하면서 살펴보았다. 프롬의 사랑관은 행복관과 불가분의 관계에 있다. 따라서 프롬의 행복관을 이해하면 독자들이 프롬의 사랑관도 보다 깊이 있게 이해할 수 있을 것이다. 『사랑의 기술』에 대한 해설 부분을 읽은 후 이 부분도 꼭 읽어 보기 바란다. 프롬의 사랑관과 행복관뿐 아니라 프롬의 사상과 그의 사상이 갖는 특징을 종합적으로 이해하는 데 도움이 될 것이다.

이 해설서를 쓰기 위해 문예출판사에서 나온 황문수 번역의 『사랑의 기술』을 다시 읽어 보았다. 그런데 프롬의 사상에 친숙하지 않은 독자들의 경우, 이 번역서를 통해서 사랑에 대한 프롬의 사상을 명료하게 이해하는 것이 쉽지 않겠다는 느낌을 받았다. 이는 황문수 번역본이 오역은 별로 없지만, 요즈음의 독자들에게는 상당히 부자연스러운 문체를 구사하고 있기 때문이다. 황문수 번역본 초판이 나온 것은 1972년이다. 그 후 반세기에 가까운 세월이 흘렀으니, 요즈음 사람들이 자연스럽게 읽을 수 있도록 다시 번역할 필요가 있다. 그러나 황문수 번역본이 『사랑의 기술』에 관한 독점 번역권을 가지고 있기 때문에 이는 불가능하다. 이 해설서가 독자들이 『사랑의 기술』에서 프롬이 펼치고 있는 사상을 일목요연하게 이해하는 데 도움이 되길 바란다.

세창미디어에서 『사랑의 기술』에 대한 해설서를 써 달라는 부탁을 받은 지 오랜 세월이 흘렀다. 『사랑의 기술』에 대한 해설서와 프롬에 관한 나의 이전 글들 사이에 겹치는 부분들이 많을 것 같아서 집필을 계속 미루어 왔다. 더 이상 기다리게 하는 것은 예의가 아닌 것 같아 늦게나마 이 해설서를 완성하게 되었다. 오랫동안 기다려 준 세창미디어와, 이 책이 독자들에게 친밀하게 다가갈 수 있도록 여러모로 애써 준 편집진에게 이 자리를 빌려 감사드리고 싶다.

2023년 5월

박찬국

차례

Erich Fromm

The Art of Loving

Erich Fromm

The Art of Loving

프란체스코 하예즈, 〈키스〉, 1859.

1장
사랑은 기술인가?

TV 드라마나 영화 그리고 문학작품에서 가장 많이 다루어지는 소재는 연인 간의 사랑이다. 연인 간의 사랑을 직접적인 소재로 하지 않더라도 적어도 연인 간의 사랑이 포함되어 있는 작품들이 사람들의 관심을 끌어 왔다.

자식에 대한 부모의 사랑이 보통 무조건적이고 지속적인 성격을 갖는 반면에, 연인 간의 사랑은 무조건적인 것도 아니고 지속적인 것도 아니다. 하루에도 몇 번씩 함께 웃다가 별것도 아닌 것으로 서로 싸우는 것이 연인 관계다. 이렇게 굴곡이 심한 감정은 극단적인 경우 살인으로 끝날 정도로 지독하기까지 하다. 따라서 연인 간의 사랑은 지금까지 그

랬던 것처럼 앞으로도 계속해서 드라마나 영화 그리고 문학 작품의 소재가 될 것이다.

이렇듯 자식에 대한 부모의 사랑을 제외하고는 우리가 열정과 에너지를 가장 많이 쏟아붓는 것이 연인 간의 사랑이다. 따라서 사랑이란 것에 대해 현대인들이 어떤 식으로 생각하는지는 연인 간의 사랑에 대한 현대인들의 태도에서 가장 잘 드러난다.

첫째로 현대인들은 연인 간 사랑의 문제를 '다른 사람을 어떻게 사랑할 것인가'라는 문제로 보지 않고 '이른바 멋진 사람에게서 어떻게 하면 사랑을 받을 수 있는가'라는 문제로 본다. 따라서 현대인들은 자신을 사랑받을 만한 존재로 만들기 위해서, 다시 말해 최대한 매력적으로 보이기 위해서 온갖 노력을 다한다. 사람들이 자신을 매력적인 사람으로 보이기 위해 주로 사용하는 방법은 부자가 되거나 고위직에 올라가는 것, 아름다운 외모를 갖는 것, 유머를 구사하고 흥미 있게 대화를 끌어가는 것, 모나지 않고 모든 사람과 원만하게 지내는 것 등이다.

둘째로 현대인들은 '다른 사람을 사랑한다'는 것을 지극히 쉬운 일로 생각한다. 사랑할 만한 대상, 다시 말해 우리를 매료시키는 사람을 발견하는 것이 어렵지, 그런 사람만 발견하면 사랑이란 감정은 절로 따라온다고 생각하는 것이다. 따라서 현대인들은 사랑의 문제를 사랑하는 능력을 어떻게 육성할 것인가라는 문제로 보지 않고, 자신이 사랑하고 자신에게 사랑을 줄 올바른 상대를 어떻게 발견할 것인가라는 문제로 본다. 현대인들은 사랑하는 방법을 배우거나 사랑하는 능력을 육성할 필요가 없다고 생각한다. 그 시간에 차라리 사랑할 만한 사람을 찾아다니는 것이 더 낫다고 보는 것이다.

프롬은 현대인들의 이러한 태도가 20세기 후반에 일어난 결혼제도의 큰 변화와 결부되어 있다고 본다. 과거 19세기나 20세기 전반까지만 해도 연인이 서로 사랑해서 결혼하지는 않았다. 결혼은 부부가 될 사람들의 부모에 의해서 이루어졌다. 이러한 혼인제도가 지배하는 상황에서 사람들은 사랑이란 결혼의 조건이 아니고 결혼 후에 가꾸어 가는 것이라고 생각했다. 그러나 20세기 후반부터는 연인이 서로 사랑에 빠져서 결혼해야 한다는 '낭만적인 사랑'의 관념이 지배하게 되었다. 이와 함께 사람들은 사랑을 가꾸어 가는 것보다는 사랑에 빠질 상대를 만나는 것이 가장 중요하다고 생각하게 되었다.

셋째로 현대인들은 사랑을 멋진 상대를 만나 사랑에 빠지는 것이라고 생각하기 때문에, 사랑에 처음 빠지는 순간 경험하는 격정적인 상태와 사랑이 지속되는 상태를 혼동한다. 두 연인 사이에 있던 벽이 갑자기 허물어지면서 두 사람이 완전히 하나가 된 것처럼 느끼는 상태야말로 우리가 맛볼 수 있는 가장 황홀한 기분이다. 이러한 환희는 두 연인이 서로에 대해서 느끼는 성적인 욕망으로 인해 더욱 격렬한 것이 된다. 그러나 이런 사랑은 오래 지속될 수 없다. 두 사람이 서로에 대해서 더 깊이 알게 될수록, 처음에 기적처럼 생겼던 친밀감은 갈수록 약화된다. 시쳇말로 눈에서 콩깍지가 벗겨지면서, 처음에 느꼈던 기대와 설렘 그리고 즐거움 대신에 서로에 대한 실망과 환멸 그리고 권태감이 자리하게 된다. 연인 사이의 사랑처럼 엄청난 환희와 함께 시작되었다가 엄청난 환멸로 끝나는 일은 찾아보기 힘들다.

우리는 사랑 역시 하나의 감정이기에 증오나 분노와 같은 다른 감정들과 마찬가지로 그것이 어떤 조건에 따라서 자연히 일어난다고 생각된다. 즉 사랑이란 감정은 멋진 상대만 만나면 저절로 생긴다고 여기는 것이다. 따라서 그러한 감정에 우리 자신을 내맡기면 되는 것일 뿐 그것에 대해서 어떤 것을 배울 필요가 없다고 생각한다. 사실 우리는 증오하는 방법이라든가 분노하는 방법에 대해서 배운 적은 없다. 그러한 감정들은 어떤 사람이 우리의 자존심을 상하게 하거나 우리에게 해를 끼칠 때 조건반사적으로 일어난다. 따라서 우리는 증오하는 방법이나 분노하는 방법에 대해서 배울 필요가 없다. 오히려 증오와 분노와 관련해서 우리가 배울 필요가 있는 것은 그것들에 휘둘리지 않고 그것들을 지배하는 방법이다.

그러나 다른 사람을 진정으로 사랑하는 감정은 저절로 일어나지 않는다. 특히 연인 사이에서 일어나는 사랑의 감정에는 사실 자기중심적인 타산이 개입되어 있다. 우리는 외모가 떨어지거나 무능하다고 느끼는 사람에게 사랑을 느끼기 어렵다. 사랑할 상대를 택할 때 의식적으로든 무의식적으로든 조건을 따지는 것이다. 이러한 조건이란 결국은 우리가 원하는 조건들이고 우리 자신에게 유리한 조건들이다. 따라서 상대방이 이러한 조건들을 충족시킨다고 생각하면 우리는 그에게 사랑을 느끼겠지만, 상대방이 그 조건들을 충족시키지 못한다고 생각하면 그에게 실망을 느끼게 될 것이다.

인간은 원래 자기중심적인 존재이기에 두 연인이 처음 만나는 순간부터 무조건적인 사랑을 하기는 쉽지 않다. 그러나 사랑이 지속적인 것이 되려면 두 연인은 서로 무조건적인 사랑을 위한 노력을 해야 한다. 우리는 결혼식에서 상대방이 어떻게 되든, 다시 말해 상대방이 갑자기 추하게 되든 직업을 잃든 불치병이 들든 상대방을 무조건적으로 사랑하겠다고 서약한다. 이렇게 조건을 따지지 않는 사랑은 두 사람이 처음 사랑에 빠졌을 때의 격정만으로 이루어지는 것은 아니다. 이러한 격정은 조건이 불리해지면 쉽게 사라지기 때문이다.

무조건적인 사랑은 인격적으로 성숙한 사람만이 할 수 있다. 인격적으로 성숙한 사람이란 자신을 주장하기 이전에 상대방을 먼저 배려하고 상대방에게 무슨 일이 일어나도 함께 책임을 지는 사람이다. 그러나 누구든 처음부터 훌륭한 인격을 갖고 태어나지는 않는다. 우리는 끊임없는 자기 성찰과 노력을 통하여 그러한 인격을 갖추게 된다. 이런 의미에서 프롬은 사랑을 두고 흔히 말하듯 '즐겁고 흥분된 감정'이 아니라 끊임없이 연마해야 하는 기술이라고 말한다.

어떤 기술을 익히기 위해서는 그 기술에 대해서 이론적으로 배우고 실습해야 한다. 사랑의 기술 역시 그것을 익히기 위해서는 진정한 사랑이 무엇인지, 그리고 그러한 진정한 사랑을 하기 위해서는 어떻게 해야 하는지를 배우고, 그대로 실천해야 한다.

그러나 어떤 기술을 습득하기 위해 가장 필요한 것은 그 것에 대해서 이론적으로 배우고 그것을 실습하는 것 외에 그것을 습득하려는 절실한 관심이다. 자신이 배우려고 하는 기술을 가장 중요한 것으로 생각하면서 그것을 배우는 데 모든 에너지를 쏟는 사람만이 그 기술을 성공적으로 습득할 수 있다. 앞에서 말한 것처럼 현대인들은 돈을 벌거나 사회적으로 성공하는 것을 가장 중요하게 생각하면서, 사랑은 그런 것들을 이루고 나면 자연히 따라온다고 생각한다.

사랑의 기술을 습득하려는 사람은 그런 것들이 아니라 오직 사랑의 기술을 습득하는 것만을 자신의 모든 에너지를 쏟아야 할 가장 중요한 것으로 생각해야 한다.

2장
사랑의 이론

1. 인간이란 어떤 존재인가?

칸트가 말했듯이 철학의 모든 물음은 '인간이란 무엇인가'라는 물음으로 귀착된다. 참된 사랑이란 무엇이고 이러한 참된 사랑을 구현하려면 우리가 무엇을 해야 하는지를 파악하기 위해서도, 우리는 먼저 인간이란 어떤 존재인가를 살펴보아야 한다. 프롬은 오늘날 유행하고 있는 진화론과는 달리 동물과 인간 사이에 넘어서기 어려운 차이가 있다고 본다. 그리고 바로 이러한 차이로 인해 인간에게서 사랑은 동물의 세계에서 볼 수 없는 복잡한 양상을 띠게 된다고 본다.

사랑은 인간에게서만 볼 수 있는 현상은 아니다. 자식에 대한 부모의 사랑은 인간뿐 아니라 동물에게서도 볼 수 있다. 자신의 새끼에 대해서 동물이 보이는 애착도 인간 못지않게 애틋하다. 연인에 대한 사랑도 마찬가지다. 동물의 세계에도 인간의 세계와 마찬가지로 구애求愛가 있고 짝짓기 상대를 차지하려는 경쟁이 있다. 인간의 경우도 자식에 대한 사랑이든 연인 간의 사랑이든 동물적인 본능에 뿌리를 내리고 있다. 따라서 그것들은 우리가 하고 싶다고 해서 하는 것도 아니고, 그만두고 싶다고 해서 그만둘 수 있는 것도 아니다.

쇼펜하우어는 자식에 대한 사랑이든 연인 간의 사랑이든 사랑은 자연이 인류라는 종을 보존하기 위해 이용하는 본능적인 장치라고 본다. 자식을 키운다는 것은 쉬운 일이 아니다. 따라서 자연은 부모 눈에 자식을 가장 소중한 것으로 보이게 만든다. 부모의 눈에 콩깍지를 씌우는 것이다. 고슴도치에게도 자기 자식은 예쁘게 보인다는 말은 바로 이러한 현상을 가리킨다. 부모의 눈에 자식은 자신이 모든 것을 다 바쳐도 좋은 귀한 존재로 보인다. 이런 사랑은 동물에게서도 보이는 종족보존본능에서 비롯되는 것이다.

쇼펜하우어에 따르면, 연인 간의 사랑도 자연이 인간에게 심어 준 종족보존본능에서 비롯된 것이다. 사랑에 빠진 두 연인에게는 서로가 세상에서 가장 아름다운 존재로 보인다. 그러나 이것 역시 자연이 서로의 눈에 콩깍지를 씌워서 자식을 낳게 하려고 사용하는 술책이다. 우리는 자연의 이러한 술책에 넘어가 상대를 한없이 아름답게 느끼면서 결혼을 한다. 그리고는 자식을 낳고 키우는 지난한 일을 기꺼이 떠맡게 된다.

자식에 대한 사랑과 연인 간의 사랑은 본능적인 것이기에 우리의 삶에서 가장 강력한 힘을 갖는다. 인간이든 동물이든 이렇게 본능이 큰 힘을 갖고 있기에 진화론에 입각한 철학은 인간의 모든 행태도 동물과 본질적으로 동일한 것으로 본다. 진화론이 주장하는 것처럼 인간이 본능의 영향을 크게 받는 것은 사실이다. 그러나 인간이 자식을 사랑하고 이성을 사랑하는 방식은 동물과 다르다. 심지어 인간이 자신의 자식을 사랑하고 이성을 사랑하는 방식은 역사적으로도 달라진다. 이는 인간이 본능에 의해서만 움직이는 존재가 아니기 때문이다.

자식에 대한 부모의 사랑도, 연인 사이의 사랑도 시대와 상관없이 항상 존재해 왔지만, 그것들이 행해지는 방식은 시대와 장소에 따라 달라진다. 이는 식욕이 생존본능에 속하는 것으로서 인간이나 동물 모두에게서 보이지만, 식욕을 충족시키는 방식은 인간의 경우에 시대와 장소에 따라 달라지는 것과 마찬가지다. 예를 들어 어떤 문화에서는 식사할 때 이야기를 하면 안 되는 반면에, 어떤 문화에서는 담소하면서 식사하는 것이 당연시된다.

우리나라에서는 결혼 전에는 물론 결혼 후에도 부모가 자녀를 물심양면으로 지원하는 것을 당연하게 여긴다. 이에 반해 서양에서는 결혼 후는 물론이고 결혼 전에도 일정 연령이 되면 자식은 부모에게서 완전히 독립하는 것을 당연하다고 여긴다. 연인 간의 관계도 마찬가지다. 과거에는 중매 결혼이 당연시되었지만, 지금은 중매 결혼이라는 것은 고리타분한 구시대 유물로 간주된다.

이렇게 인간의 삶은 자연이 심어 준 본능에 의해서만 결정되지 않고, 어떤 시대를 지배하는 특정한 관습과 사고방식에 따라서 결정된다. 이에 반해 동물은 유전자에 각인된 본능의 메커니즘에 따라서 사는 것이고 이러한 메커니즘은 아무리 오랜 시간이 흘러도 변하지 않는다. 이렇게 동물의 삶은 자연이 부여한 질서에 붙박여 있다는 점에서 우리는 동물을 '자연적' 존재라고 부를 수 있다. 반면 인간의 삶은 역사적으로 변화한다는 점에서 인간을 '역사적' 존재라고 부를 수 있다.

인간은 생존하기 위해서 동물과 마찬가지로 자연의 빛과 물 등에 의존해야 한다. 그러나 인간은 자연을 각 시대마다 다르게 해석한다. 이런 의미에서 인간은 항상 동일한 자연에서 사는 것이 아니라 역사적으로 달리 나타나는 자연에서 산다. 예를 들어 서양의 중세에서 자연은 신의 피조물로 간주되었지만, 현대 기술문명에서는 '수학적으로 계산 가능하고 변환이 가능한 에너지들의 연관체계'로 간주된다.

서양의 중세에서 자연은 신이 만들었기에 자연에는 인간이 함부로 할 수 없는 질서가 있다고 보았다. 이러한 자연관이 지배하는 상황에서 유전자 변형이라든가 동물 복제와 같은 일은 신의 영역을 넘보는 것으로서 금기시될 수밖에 없다. 낙태와 같은 것도 신이 주신 생명을 임의로 제거하는 죄로 간주된다.

그러나 현대 기술문명에서처럼 자연이 수학적으로 계산 가능하고 변환이 가능한 에너지들의 연관체계로 간주되는 상황에서는 사물에 고유한 본질이라는 것은 인정되지 않는다. 예를 들어 강물은 수력으로 전환될 수 있고, 수력은 다시 전력으로 변환될 수 있으며, 전력은 자동차를 움직이는 동력으로 전환될 수 있다. 이와 마찬가지로 생물들에게도 바꿀 수 없는 고유한 본질이라는 것은 존재하지 않는다고 간주된다. 따라서 생물들은 유전자 조작을 통해 얼마든지 변형되어도 문제가 없는 것으로 여겨진다. 동물들도 고유한 본질이 인정되지 않고 인간에게 단순히 고기를 제공하는 자원으로 간주된다. 따라서 동물들은 비좁은 축사에서 무자비하게 사육된다.

인간은 이렇게 각 시대마다 다르게 해석된 자연 속에서 살기 때문에, 식욕이나 성욕과 같은 본능적인 욕망도 시대마다 다르게 구현될 수밖에 없다. 또한 인간은 이렇게 본능에 의해서만 지배되지 않고 자신의 생각을 통해서 삶을 개척해

나가는 존재이기에, 동물에게서는 보기 힘든 감정들 및 욕망들을 갖게 된다. 이에 대해서는 나중에 상세하게 살펴볼 것이다.

더 나아가 인간의 경우에는 본능적인 것인 자녀에 대한 사랑이나 연인 간의 사랑도 동물 세계에서 보기 드문 병적인 양상을 띨 수 있다. 자식에 대한 애정은 사랑이란 이름으로 자식을 소유하고 지배하려는 태도로 나타날 수 있다. 연인 간의 사랑도 사디즘처럼 상대방을 학대하거나 마조히즘처럼 상대방에게서 지배를 받고 싶어 하는 태도로 나타날 수 있다. 따라서 인간은 진화론에 입각한 철학이 주장하는 것처럼 단순히 생존 욕망으로부터만 설명될 수 있는 존재도 아니고, 프로이트가 주장하는 것처럼 성욕으로부터만 설명될 수 있는 존재도 아니다.

2. 인간: 약화된 본능 대신에 이성을 갖게 된 동물

동물의 삶은 본능에 의해서 제어된다. 무엇을 먹고 어떻게 먹이를 마련할 수 있는지를 동물들이 오랜 교육을 통해 습득하는 것은 아니다. 물론 경우에 따라서 어느 정도의 훈육을 받기는 하지만 그 기간이 오래 걸리지 않는다. 송아지는 거의 태어나자마자 걷기 시작한다. 송아지는 걷는 법을 본능적으로 알고 있는 것이다. 인간도 유아기에는 본능에 의해서 움직인다. 유아는 누구에게서 배우지도 않았는데 엄마의 젖을 찾고 젖을 빤다.

성인이 되어서도 인간의 많은 행위가 본능적으로 이루어지는 것은 사실이다. 성인도 대체로 배가 고프면 밥을 찾고, 배가 부르면 밥 먹는 것을 중단한다. 그러나 유아적인 상태에서 벗어나게 되면, 이러한 본능적인 조절 장치가 크게 약화된다. 동물이나 유아는 배가 부르면 더 이상 먹지 않는다. 그러나 성인이 되면, 우리는 배가 부르다는 사실을 자각하면서도, 맛있는 음식이 나오면 식탐에 사로잡혀 더 먹게 된다. 성욕 역시 인간에게서는 본능적인 조절 장치가 크게 약화되어 동물과 달리 발정기가 아닌 상태에서도 성욕에 사로잡힐 수 있다.

프롬은 인간은 약화된 본능과 함께 이성을 갖는 존재라고 정의한다. 욕망을 조절하는 본능의 힘이 크게 약화되어 있기 때문에, 인간은 욕망을 이성의 힘으로 통제해야 한다. 그러나 낮은 징수 이성은 동물에게서 본능적인 조절 장치가 갖는 강력한 힘을 갖지 못한다. 이성은 오히려 욕망을 제어하지 못하고 욕망의 노예로 전락하는 경우가 많다. 어떤 사람에게 성욕을 느끼게 될 때 이성은 성욕을 제어하는 경우도 있지만, 그 사람을 유혹할 수 있는 전략을 제공하는 성욕의 시종 역할을 할 수도 있다.

따라서 인간의 과제는 이성의 힘을 강화하여 자신의 욕망을 적절하게 통제하는 것이다. 이런 의미에서 '인간은 약화된 본능과 함께 이성을 갖는 존재'라는 프롬의 정의는 인간을 이성적 동물이라고 규정한 서양철학의 전통적인 정의와 유사하다. 플라톤과 아리스토텔레스 이래 서양철학의 주류는 인간이 동물에게는 존재하지 않는 이성적 능력 덕분에 자신의 욕망을 통제하면서 학문과 예술을 발전시키고 또한 도덕적 양심을 가질 수 있었다고 본다.

인간을 이성적 동물로 보는 이러한 정의 역시 인간이 본능적인 욕망이나 격렬한 분노, 슬픔과 같은 비이성적인 감정에 사로잡힐 수 있다는 사실을 인정한다. 그러나 인간은 이성을 통해서 그러한 욕망이나 감정을 충분히 통제할 수 있다고 본다. 동양에서 인간을 만물의 영장이라고 말할 때도 인간이 갖는 이러한 이성적 능력을 염두에 두었다고 할 수 있다.

서양의 전통철학이 인간을 이성적 동물이라고 말할 때, 이 말은 인간이 다른 동물보다 우월한 존재라는 인간중심주의적인 뉘앙스를 품고 있다. 그러나 인간이 약화된 본능 대신에 이성을 가지고 있다는 프롬의 말은 인간이 만물 중에서 가장 영특하고 훌륭한 존재라는 인간중심주의적인 주장과는 아무런 관련이 없다. 물론 프롬 역시 인간이 이성을 통해서 자신의 욕망을 통제할 수 있으며 동물 세계에서는 볼 수 없는 학문과 예술 같은 문화를 발전시키고 도덕적인 양심을 갖게 된다는 사실을 인정한다.

그러나 프롬은 인간은 본능이 약화되고 이성을 갖게 됨으로써 이러한 긍정적인 점들 못지않게 부정적인 점들을 갖게 되었다고 본다. 인간은 동물 세계에서 볼 수 없거나 보기 힘든 고독감이나 무력감과 같은 감정들을 겪게 되었고 그러한 감정들을 제대로 극복하지 못함으로써 심한 경우에는 자살을 하기도 하고, 갖가지 정신질환에 시달리게 되었다.

니체는 인간을 병든 동물이라고 말한 적이 있다. 프롬 역시 니체와 마찬가지로 본능이 약화되고 이성을 갖게 된 인간 세계에서는 동물 세계에서 볼 수 없는 병적인 현상들이 나타났다고 본다. 니체는 인간이 건강하게 살기 위해서는 망각할 줄 알아야 한다고 본다. 과거의 경험 중에서 기억해야 할 것만 기억하고 그렇지 않은 것은 쉽게 털어 버릴 수 있어야 한다는 것이다. 그러나 우리는 과거의 상처에 짓눌려 암울하게 사는 경우가 많다. 더 나아가 우리는 미래에 대해 불안해하고 걱정한다. 이에 반해 동물들은 과거의 상처를 기억하지 못하고 미래에 대해서 불안해하지 않으면서 순간순간을 건강하게 살아간다.

본능이 약화되고 이성을 갖게 된 인간이 처하게 되는 위험을 이렇게 강조함으로써, 프롬은 인간을 이성적 동물로 보는 정의가 빠질 수 있는 낙관주의적인 인간중심주의에서 완전히 탈피하게 된다. 프롬은 니체와 마찬가지로 인간이 병든 동물로 전락하기 쉽다고 보는 것이다. 따라서 프롬은 인간이 다른 동물에 비해 우월한 존재라고도 보지 않는다. 프롬은 오히려 모든 생명은 인간 못지않게 소중하고 그것들 사이의 우열을 말할 수 없다고 본다.

사실 어떤 동물이 다른 동물에 비해 우월하냐 그렇지 않냐는 논의는 보통 인간중심주의에서 비롯되는 유치한 논의다. 무엇을 기준으로 삼느냐에 따라서 동물은 얼마든지 인간보다 우월한 존재로 간주될 수 있다. 하늘을 맨몸으로 나는 능력에서 인간은 새를 따라갈 수 없으며, 시궁창에서 아무 탈 없이 잘 살 수 있는 능력에서 인간은 지렁이를 따라갈 수 없다. 진화론에서는 인간의 생존능력이 모든 생명 중 가장 뛰어나다는 점에서 인간이 가장 진화했다고 주장한다. 그러나 이것 역시 순진한 이야기다. 통제 불능의 바이러스로 인해 여전히 수많은 인간이 죽고 있지 않는가?

인간이 약화된 본능 대신에 이성을 갖게 되었다고 말할 때, 프롬은 인간은 이성을 통해서 자신의 삶을 개척해야 하기 때문에 다른 동물에게서는 볼 수 없는 독특한 존재 상황에 처하게 되었다고 말하고 싶어 할 뿐이다. 인간은 본능이 약화되고 이성을 갖게 됨으로써 어떻게 살아야 하는지를 고뇌하게 된다. 이는 인간에게는 본능이 약화됨으로써 다양한 삶의 가능성이 열리게 되기 때문이다. 로댕이 조각한 〈생각하는 사람〉의 모습은 아마도 인간에게서만 볼 수 있는 모습일 것이다. 그것은 자신은 그동안 어떻게 살았고 앞으로 어떻게 살아야 하는지를 고뇌하는 모습이다.

3. 인간의 숙명: 불안과 분리감

인간이 본능에 구속되지 않고 자신의 생각에 따라 삶을 개척해 나가야 한다는 것은 언뜻 보기에는 인간에게 매우 유리한 상황으로 보인다. 그러나 사실은 그렇지 않다. 많은 사람이 살아가는 과정에서 갈피를 못 잡고 방황한다. 심지어 어떤 사람은 완전히 잘못된 삶의 길에 들어서서 연쇄살인마나 히틀러 같은 악마적인 인간이 될 수도 있다.

본능이 자신의 삶을 완전히 규정하지 않기 때문에 인간은 다양한 삶의 가능성을 생각할 수 있게 된다. 그리고 인간은 이러한 다양한 가능성 중에서 하나를 택해야 한다. 인간의 삶은 선택을 통해 이루어진다는 점에서 자유로운 삶이다. 그러나 자유에는 항상 불안이 따른다. 자유가 마냥 축복만은 아닌 것이다. 인간은 보다 나은 삶의 가능성을 선택할 수도 있겠지만, 잘못된 삶의 가능성을 선택할 수도 있다.

따라서 인간은 자신의 선택이 과연 올바른 선택이었는지에 대해 불안에 사로잡힐 수 있다. 이와 함께 자유를 부담스럽게 생각하고 포기하는 사람들이 생긴다. 이들은 어떤 종교적인 이념이나 정치적 이념의 노예가 되어 종교지도자들이나 정치지도자들의 명령에 무조건적으로 복종하는 인간이 된다.

자유에 수반되는 불안은 결국 '삶의 방향이 분명하게 보이지 않는' 상황에서 세계 안에 '홀로' 무력하게 던져져 있다고 느끼는 감정이기도 하다. 이렇게 낯선 세계에서 자신의 삶을 홀로 감당해야 한다고 느끼는 상태야말로 우리가 가장 견디기 힘든 상태다. 따라서 우리 삶을 규정하는 가장 절실한 욕망은 다른 인간들과 세계로부터의 분리 상태를 극복하여 고독이라는 감옥에서 벗어나려는 욕망이다.

이런 욕망이 실현되지 못할 때 우리는 종종 광기에 빠지게 된다. 광기란 세계와 단절하고 자기 내면의 환상적인 세계로 도피하는 것이다. 이러한 도피를 통해 우리는 자신이 무

에드바르 뭉크, 〈불안〉, 1894.

력하게 남들로부터 고립되어 있다는 불안감과 두려움에서 벗어날 수 있게 된다.

시대와 문화를 불문하고 우리 인간은 이러한 분리 상태를 어떻게 극복하고 결합을 실현할 것인가라는 문제에 직면해 있다. 동굴에서 살던 원시인이든 달과 화성에 인공위성을 쏘아 올리는 현대인이든 모두 동일하다. 인간은 이 문제를 해결하기 위해 다양한 방법을 시도해 왔다. 이러한 방법의 역사가 바로 개인과 인류의 역사라고 할 수 있다.

이러한 방법은 시대에 따라 달라지지만, 인간이 도달한 개성의 정도에 따라 달라지기도 한다. 자아의식, 즉 자신을 다른 인간들과 구별되는 독자적인 자아로 느끼는 의식이 아직 깨어나지 못한 유아는 어머니와의 일체감 속에 살면서 아직 분리를 느끼지 못한다. 유아는 어머니와 떨어져 있으면 불안과 외로움을 느낄 수 있지만, 이러한 감정들은 유아가 어머니의 품속에 안기자마자 곧바로 사라진다. 그러나 아이가 성장하면서 자신이 어머니와 구별되는 독자적인 인간이라는 사실을 깨닫게 되면, 그는 어머니가 자신에게 가까이 있는 것만으로는 그러한 고독감에서 벗어나지 못하게 된다.

개인과 마찬가지로 인류도 역사의 초기에는 자연과 일체감을 느낀다. 대지와 동물 그리고 식물은 아직 인간과 구별되지 않는다. 인간은 동물과 자신을 동일시하면서 동물의 가면을 쓰고 동물을 자신의 조상으로 생각하면서 숭배한다. 그러나 자연과의 이러한 원초적 합일 상태에서 벗어나게 되면서 인류는 자신을 자연과 분리된 존재로 느끼게 된다. 그리고 이러한 분리 상태에서 벗어나는 방법을 모색하게 된다.

사람들이 술에 만취하거나 마약을 복용하는 것도 결국은 이러한 분리감을 극복하기 위한 방법들이다. 원시 민족들이 축제나 제의를 통해서 광적인 황홀 상태에 빠지는 것 역시 분리감을 극복하는 하나의 방법이다. 이러한 축제나 제의에는 수많은 사람이 참여하여 하나가 되기 때문에 사람들은 자연과의 일체감을 회복할 뿐 아니라 다른 사람들과의 강렬한 융합을 경험하게 된다. 특히 축제와 제의가 성적인 난교亂交와 결부되어 행해질 때 사람들은 더욱 강렬한 융합을 경험한다. 그러나 이런 황홀한 일체감은 계속될 수 없다. 따라서 그러한 일체감이 약화되고 분리감이 사람들을 사로잡게 되면, 사람들은 다시 축제나 제의를 벌이게 된다.

축제나 제의처럼 어떤 집단의 공통된 관습에 참여하는 방식으로 도취를 경험할 경우, 사람들은 그러한 도취 상태에 대해서 죄책감이나 불안을 느끼지는 않는다. 오히려 이러한 도취 상태에 빠지는 것은 미덕으로 간주되기도 한다. 그러나 오늘날처럼 이런 방법이 이미 과거의 것이 된 문화에서 사람들은 알코올 중독이나 마약 중독 등과 같은 갖가지 중독에 의존하게 된다. 이런 방법은 사회적으로 금지된 것이기 때문에 알코올이나 마약의 효력이 떨어지게 되면 사람들은 죄책감과 불안에 시달린다. 이와 함께 사람들은 전보다 더욱 심하게 분리감을 느끼게 되지만, 근본적인 해결책을 찾지 않고 더욱 강하게 알코올이나 마약에 의존하게 될 수 있다.

도취적 합일을 지향하는 방법은 우리의 몸과 정신 전체에 영향을 미칠 정도의 강렬한 합일을 초래할 수는 있지만, 이러한 합일은 항상 일시적인 것에 그친다. 그리고 강렬한 합일에 수반되는 황홀경이 사라지고 나면, 사람들은 전보다 훨씬 강한 고독감과 공허감에 사로잡히게 된다.

따라서 사람들이 분리감에서 벗어나기 위해 가장 많이 의지하는 방법은 도취적 합일을 지향하는 것보다는 어떤 특정한 집단과 그것의 신념과 관습에 자신을 예속시키는 것이다. 이러한 집단은 혈연사회나 지연사회일 수도 있고 정치집단이나 종교공동체 혹은 국가일 수도 있다. 이렇게 자신의 자유를 포기하고 집단의 한 구성원이 됨으로써 사람들은 고독이라는 가공할 위협에서 구원을 얻는다.

프롬은 사람들이 집단에 예속되는 것은 독재체제에서만 볼 수 있는 현상이 아니라 이른바 민주주의 사회에서도 볼 수 있는 현상이라고 주장한다. 민주주의 사회에서도 사람들은 공통적인 관행과 여론을 추종한다. 다만 자신들이 자신의 독자적인 생각과 취미에 따르고 있다고 착각하면서, 자신의 의견이 다른 사람들의 의견과 일치하는 것은 우연에 의한 것이라고 생각할 뿐이다. 사람들은 오히려 이러한 일치가 자신의 의견이 정당하다는 것을 입증한다고 생각한다. 심지어 사람들은 공통적인 관행과 여론에 순응함으로써 분리감에서 벗어나려는 자신의 욕망조차도 의식하지 못한다.

물론 민주주의 사회에서도 사람들에게 어느 정도는 자신만의 개성을 누리고 싶다는 욕망이 남아 있다. 그러나 사람들은 이러한 욕망을 자신이 독특한 디자인의 핸드백을 들고 있다거나 첨단 유행의 옷을 입고 있다는 사소한 차이를 통해 만족시킨다.

모든 사회에는 구성원들을 하나의 관습과 신념 아래 결속시키려는 경향이 극히 강하게 존재한다. 모든 사회는 구성원들에게 동일한 역사를 교육하고 자신들이 동일한 운명공동체에 속한다는 의식을 어린 시절부터 끊임없이 주입한다. 그리고 사람들은 분리감에서 벗어나기 위해서 사회가 주입하는 관습과 신념을 기꺼이 받아들인다.

사람들을 집단에 동화시키기 위해서 독재체제는 위협과 공포를 사용하고, 민주주의 사회는 암시와 선전을 이용한다. 물론 민주주의 사회는 다수 여론에 대한 비판이 합법적으로 가능하다는 점에서 독재체제와는 다르다. 그러나 민주주의 사회에서도 압도적으로 공통의 여론과 관행이 사람들을 지배한다. 민주주의 사회는 모든 사람이 동일한 명령에 복종하면서도 각자가 자신의 욕망과 생각에 따르고 있다고 착각하게 만든다.

오늘날의 민주주의 사회에서 사람들은 공통의 여론과 관

〈히틀러를 반기는 단치히 군중〉, 1939(단치히는 현재의 그단스크).

행을 따르도록 강요받는 것 이상으로, 분리감에서 벗어나기 위해 스스로 그러한 여론과 관행에 따르려고 노력한다. 사람들은 자신들이 모두 평등하다고 생각하지만, 이러한 평등은 모두가 고귀한 인격을 소유하고 있으며 고귀한 인격으로 대우받고 있다는 의미의 평등이 아니다. 그것은 같은 일터에서 일하고 같은 신문을 구독하며 동일한 감정과 생각을 갖고 있다는 획일성을 의미한다. 즉 개성을 상실한 자동기계들의 평등일 뿐인 것이다.

현대 사회는 이러한 획일화를 도모하면서 사람들에게 거대 집단 속에서 불평하지 않고 일하는 원자적인 인간이 되도록 강요하고 있다. 현대의 대량생산이 상품의 규격화를 요구하는 것처럼, 현대 사회는 인간의 표준화를 요구하면서 이러한 표준화를 평등이라고 부르고 있다. 오늘날에는 남성과 여성도 평등하게 되었다기보다는 차이가 사라지고 동일하게 되었다. 이와 함께 남성과 여성이라는 양극성에 바탕을 둔 사랑도 사라졌다.

그러나 집단과의 일치를 통한 분리감의 극복은 도취에 의한 합일처럼 강렬하지 않다. 그것은 주로 정신에만 영향을

줄 뿐 신체에는 직접적인 영향을 주지 않기 때문이다. 바로
이런 이유로 현대 사회에서는 알코올 중독, 마약 중독, 섹스
중독과 같은 갖가지 중독이 창궐하고 있다. 이러한 사실은
집단과의 일치에 의한 합일이 사람들의 분리감을 극복하는
데 충분한 해결책이 되지 못한다는 사실을 보여 준다. 집단
과의 일치에 의한 합일은 일시적인 것에 그치지 않고 지속
적인 것일 수 있다는 점에서만 유리할 뿐이다.

단적으로 말해서 마약이나 알코올 등에 의한 도취적 합일
은 일시적이고 비이성적인 것이고, 자신을 포기하고 집단과
의 일치를 통해서 이루어지는 합일은 사이비 합일에 지나지
않는다. 따라서 이러한 방법들은 분리감을 진정으로 극복할
수 있는 방법이 되지 못한다.

분리를 극복하고 합일을 성취하는 세 번째 방법은 '창조적
활동'이다. 예술가가 작품을 만들든, 목공이 책상을 만들든,
농부가 곡식을 기르든 모든 창조적 활동에서는 일하는 자와
작업의 대상이 하나가 된다. 이들은 작품에 자신의 생각과
능력을 표현하면서 작품에서 자신을 본다.

그러나 이러한 창조적 활동은 우리 자신이 계획하고 만들

며 작업의 결과까지 직접 확인할 수 있는 일에서만 경험할 수 있다. 따라서 현대의 사무원이나 노동자들의 노동을 이러한 종류의 창조적 활동이라고 볼 수는 없다. 사무원이든 노동자든 모두 기업조직이나 기계의 부속품에 지나지 않는다. 이들은 노동과정에서 그 자신으로 존재하지 않기 때문에 자신들이 관계하는 대상과의 합일도 경험할 수 없다. 또한 진정한 종류의 창조적 활동을 통해서 이루어지는 합일은 창조하는 자와 그가 창조하는 대상과의 합일일 뿐 다른 인간들과의 합일은 아니다. 따라서 그것 역시 분리감을 극복하는 불완전한 방법이다.

4. 참된 사랑: 분리감을 극복할 수 있는 유일한 방법

분리감을 극복할 수 있는 유일한 방법은 진정한 의미의 '사랑'이다. 인간은 자연과도 합일을 이루고 싶어 하지만, 무엇보다도 다른 사람들과 하나가 되고 싶어 한다. 다른 사람들과 하나가 되는 것이야말로 인간의 모든 활동을 내밀하게 규정하는 가장 강력한 욕망이다. 이러한 욕망을 충족시키지 못하게 되면 인간은 분리감으로 인해 미치거나 증오와 분노 그리고 괴 건간에 사로잡혀 자신이나 다른 사람들을 파괴하게 된다. 앞에서 본 것처럼 다른 사람들과의 융합은 특정 집단에 소속되는 등 여러 가지 방식으로 이루어질 수 있다. 그러나 가장 바람직한 융합의 방식은 사랑이다.

이 경우 우리는 사랑이라는 말을 극히 엄격한 의미로 사용해야 한다. 이는 사람들은 흔히 상대방에 대한 집착이나 소유욕 혹은 지배욕에 지나지 않는 것을 사랑이라고 부르기 때문이다. 진정한 의미의 사랑에서는 사람들이 각자의 개성을 유지하면서도 다른 사람과 결합한다. 이러한 사랑에서는 두 사람이 하나가 되면서 동시에 둘로 남아 있는 역설적 현상이 일어난다.

참된 사랑의 요소는 첫째로 사랑하는 자의 생명과 성장에 대한 '적극적인 관심'이다. 이러한 보호와 관심에는 사랑의 두 번째 요소인 '책임'이 포함되어 있다. 책임은 다른 인간의 잘잘못을 함께 책임지려는 것이다. 세 번째는 '존경'이다. 존경한다는 것은 어떤 사람의 독특한 개성을 통찰하고 존중하는 것이다. 존경은 다른 사람이 그 자신으로서 성장하고 발달하기를 바라는 관심이다. 존경이 결여되면, 책임은 쉽게 상대방을 지배하고 소유하려는 욕망으로 전락한다.

진정한 의미의 사랑은 상대방과 인간의 참모습을 알려는 욕망과 밀접하게 관련되어 있다. 우리는 사랑에 의해서 다른 사람과 합일하는 순간에만 상대방과 인간의 참모습을 알게 된다. 다른 사람이 다른 어떤 것으로도 환원될 수 없는 독자적인 개성과 존엄성을 갖는다는 사실은 그 사람을 아무리 객관적으로 고찰한다 해도 드러나지 않으며 오직 사랑에 의해서만 드러난다. 이는 신의 참모습이 신에 대한 어떠한 이론적 탐구를 통해서도 드러날 수 없고 오직 신에 대한 신비 체험을 통해서만 드러나는 것과 마찬가지다. 이런 의미에서 프롬은 신의 참모습을 파악하려는 신학의 논리적 귀결이 신비주의인 것처럼, 인간을 파악하려는 심리학의 궁극적 귀결은 사랑이라고 말한다. 신비주의에 대해서는 나중에 살펴볼 것이다.

참된 사랑은 수동적 감정이 아니라 능동적인 활동이다. 그것은 상대방의 매력에 '빠지는' 것이 아니라 상대방의 삶에 적극적으로 참여하는 것이다. 참된 사랑은 주는 것이지만, 주는 것을 통해서 가난해지기는커녕 오히려 풍요로워진다. 이는 그가 주는 행위에서 자신의 잠재적 능력을 최고로 표현하고 실현하기 때문이다. 그는 자신의 잠재적인 능력을 실현하면서 기쁨을 느낀다.

우리는 흔히 사람들이 주는 것보다 받는 것을 더 좋아할 것이라고 생각한다. 그러나 사실은 그렇지 않다. 우리는 주는 데서 큰 기쁨을 맛본다. 연인이 성관계를 할 때 그들은 서로에게 기쁨과 쾌감을 준다. 그리고 자신이 상대에게 기쁨과 쾌감을 줄 수 있다는 데서 뿌듯함을 느낀다. 만약 상대방에게 기쁨과 쾌감을 줄 수 없다면 무력감과 좌절감을 느끼게 될 것이다. 여성은 특히 아이에게 자신을 주면서 기쁨을 느낀다. 어머니는 자라나는 아이에게 자신의 젖과 체온을 주는 식으로 자신을 준다. 아이에게 아무것도 줄 수 없는 어머니는 극심한 고통과 우울을 느낀다.

물질의 영역에서도 준다는 것은 자신이 부자임을 의미한다. 많이 가진 자가 부자가 아니라 많이 베푸는 자가 부자다. 조금이라도 잃어버릴까 걱정하는 자는 아무리 많이 갖고 있더라도 가난한 자다. 가난한 사람이 부자보다도 더 잘 준다는 것은 잘 알려져 있다. 그러나 정도 이상의 가난은 주는 것을 불가능하게 한다. 가난이 고통스러운 것은 그것이 우리에게서 '주는 기쁨'을 빼앗기 때문이다.

그러나 우리는 사람들에게 물질뿐 아니라 자신의 기쁨, 관심, 지식, 유머 등을 줄 수 있다. 이렇게 줌으로써 우리는 다른 사람의 생명을 밝고 충만하게 만든다. 그리고 그렇게 다른 사람의 삶이 밝아지고 충만해지는 것을 보면서 우리도 더욱 밝아지고 충만해진다. 따라서 준다는 것은 다른 사람도 주는 자로 만드는 것이며, 두 사람 모두가 더욱 큰 생명력을 갖게 되는 관계에 참여하는 것을 의미한다.

사람들의 관계가 성실하고 진정한 관계일 경우, 그러한 관계에 참여하는 사람들은 항상 서로 주고받는다. 선생과 학생들 간의 관계에서도 선생은 줄 뿐 아니라 학생들에게서 배운다. 배우도 관객에게 기쁨을 줄 뿐 아니라 관객들에게서 자극을 받는다. 정신분석가 역시 환자에게 주기만 할 뿐 아니라 환자에 의해 치유된다. 참된 사랑은 상대방에게서 사랑의 능력을 불러일으킨다. 두 사람이 사랑을 서로 주고받으면서 그것은 더욱 풍요롭고 깊어진다. 이와 관련하여 프롬은 마르크스의 다음 말을 인용하고 있다.

> "'인간을 인간으로서' 생각하고 인간과 세계의 관계를 인
> 간적인 관계로 생각하라. 그러면 당신은 사랑은 사랑으
> 로만 그리고 신뢰는 신뢰로만 갖게 될 것이다. 예술을 감
> 상하려면, 그대는 예술에 대한 훈련을 받아야 한다. 다른
> 사람에게 영향력을 갖고 싶다면, 그대는 그 사람을 고무
> 하고 그 사람이 발전하는 것을 도와야 한다. [⋯] 만일 그
> 대의 사랑이 다른 사람에게서 사랑을 불러일으키지 못한
> 다면, 그대가 다른 사람의 사랑을 일깨우지 못하는 사랑
> 을 한다면, 사랑하는 사람으로서 자신의 생명을 표현함으
> 로써 그대 자신을 '사랑받는 자'로 만들지 못한다면, 당신
> 의 사랑은 무능하고 불행한 사랑이다."

　주는 행위로서의 사랑을 할 수 있는 사람은 인격적으로 성
숙한 사람이다. 인격적으로 성숙한 인간이란 타인에게 의존
하고 싶어 하는 성향, 자신에게만 빠져 있는 나르시시즘, 타
인을 착취하려는 욕망을 극복한 사람이다. 이러한 성향들

을 극복하지 않는 한, 인간은 사랑을 주는 것을 두려워한다. 타인을 존중하는 진정한 사랑은 내가 독립적인 인간일 경우에만, 다시 말해서 남에게 의존하거나 남을 지배하고 착취하지 않아도 나 자신의 삶에 만족할 수 있을 때만 가능하다. 이렇게 독립적인 존재로서의 자신의 삶에 만족하지 못할 때, 우리는 타인에게 예속되거나 타인을 소유하고 지배함으로써 자신이 삶에서 겪고 있는 공허감과 불만을 보상하려고 하게 된다.

더 나아가 참된 사랑은 결코 한 사람에게 제한되지 않는다. 예를 들어 두 연인이 진정으로 사랑을 하고 부모가 진정으로 자녀를 사랑할 때, 그들은 그들 외의 다른 사람들에게 무관심하게 되는 것이 아니다. 그들은 자신들만의 이기적인 사랑을 추구하지 않는다. 사랑하는 두 연인은 자신들의 사랑이 다른 사람들의 행복에 기여하는 것이 되기를 바란다. 그리고 자식을 사랑하는 부모는 자식이 이기적인 인간이 아니라 남을 도울 수 있는 훌륭한 인간이 되기를 바란다.

따라서 참된 사랑은 '한' 사람 내지 '하나의' 대상에 대한 태도가 아니라 세계 전체와의 관계를 결정하는 '태도', 곧 '특정한 성격'이다. 만일 내가 참으로 어떤 사람을 사랑한다면, 나는 모든 사람을 사랑하고 세계를 사랑하고 삶 자체를 사랑하게 된다. 어떤 사람을 진정 사랑한다는 것은 그 사람의 인간적인 핵심, 즉 인류와 삶을 대표하는 자로서의 그 사람과 관계하는 것을 의미한다. 어떤 개인에 대한 사랑이 인류에 대한 사랑과 분리되어 있는 한, 그 개인에 대한 사랑이란 다만 피상적인 것일 뿐이며 확대된 이기주의일 뿐이다. 진정한 의미의 사랑은 자신의 자율성과 독립성을 상실하지 않은 채 다른 사람과 모든 인류 그리고 자연과의 결합을 경험하는 것이다.

5. 왜곡된 사랑: 사디즘과 마조히즘

사람들은 흔히 사랑을 상대방에게 예속되고 싶어 하는 욕망이나 상대방을 소유하고 지배하고 싶은 욕망과 혼동한다. 이러한 욕망에서 비롯된 두 사람 사이의 합일을 프롬은 공생적인 합일이라고 부른다. 공생적 합일의 대표적인 것이 사디즘과 마조히즘이다. 이러한 합일에서는 두 사람이 신체

상으로는 분리되어 있으면서도 심리적으로는 서로에 대해 강하게 집착하면서 의존한다.

원래 마조히즘이나 사디즘은 성과 관련된 용어다. 성행위는 사랑이란 감정과 함께 행해지지 않을 경우에도 생명의 표현이며 두 연인이 서로 쾌락을 주며 서로를 함께 소유하는 것이다. 그러나 이와 달리 성행위가 상대방에게 상처를 주고 지배하는 방식으로 이루어지거나 상대방에게서 학대받고 싶어 하는 방식으로 행해질 때, 그것은 변태적인 성행위가 된다. 그러한 행위는 원래 생명 지향적인 성격을 갖는 성욕을 생명을 저해하는 욕망으로 만들기 때문이다.

오늘날에는 다른 사람에게 해를 끼치지 않는 한 모든 욕망이 허용되어야 한다는 극단적인 자유주의의 입장이 풍미하고 있다. 이러한 입장에서는 서로가 합의를 한 경우라면 마조히즘이나 사디즘도 문제 될 것이 없다고 본다. 이러한 입장을 표방하는 사람들은 프롬처럼 그것들을 병적이고 도착적인 성행위로 보는 사람들을 고리타분한 사람으로 조소한다.

그러나 프롬은 모든 욕망이 다 바람직스럽고 합리적인 것은 아니라고 본다. 어떤 욕망은 그것이 실현될 경우 사람들의 정신적인 빌달을 거해할 수 있다. 프롬은 마조히즘적인 행위나 사디즘적인 행위는 그러한 행위를 하는 사람의 성격을 반영하고 있다고 본다. 즉 마조히즘적인 행위나 사디즘적인 행위를 하면서 성적으로 흥분하는 사람은, 다른 사람에게 예속되고 싶어 하는 욕망을 갖거나 다른 사람을 지배하고 그에게 상처를 주려는 강력한 욕망을 가진 인간이라는 것이다.

마조히즘은 한 인간이 자신보다 강력하다고 생각하는 어떤 힘에 자신을 예속시키는 방식으로 분리감을 극복하려는 시도다. 프롬은 이런 의미의 마조히즘은 사디즘과 마찬가지로 단순히 성적인 차원에서뿐 아니라 종교와 정치를 비롯한 삶의 모든 영역에서 나타난다고 본다. 독일의 철학자이자 신학자였던 슐라이어마허Friedrich Schleiermacher(1768-1834)는 종교적 경험을 '절대적 의존의 경험'이라고 정의했다. 프롬은 이런 식의 종교적 경험은 마조히즘적인 성격을 띠고 있다고 본다. 그것은 신에게 절대적으로 복종하고 의지함으로써 안정과 평안을 구하려고 하는 것이다. 동일한 연장선상에서 프롬은 마조히즘이 운명이나 병 혹은 격렬한 음악이나 마약 또는 최면에 의한 황홀경에 복종하는 형태로 나타날 수 있다고 본다.

마조히스트는 자기 외부의 힘에 자신을 내맡김으로써 자신을 상실하게 되는 것이지만, 이는 또한 자신보다 강력하다고 생각하는 힘의 일부로 자신을 만드는 것이기도 하다. 이와 함께 그는 하나의 독립된 개인으로 존재할 때는 가질 수 없던 힘을 갖게 된다. 또한 그는 그러한 외적인 힘에 복종함으로써 스스로 결단을 내려야 하는 부담에서 벗어나게 된다. 그러나 마조히스트는 힘과 안정감을 갖게 되는 대가로 자신의 독립성을 포기해야만 한다.

프롬은 사람들이 흔히 자기희생으로 찬양하는 행위도 마조히즘적인 열망에서 비롯된 것일 수 있다고 본다. 이런 의미에서 프롬은 진정한 의미의 자기희생과 병적인 종류의 자기희생을 구분해야 한다고 본다. 고귀한 이상을 위해서 자신의 육신을 희생해야만 하는 경우가 있다. 고귀한 희생이라도 죽음은 결코 달콤한 것이 아니며 고통스러운 것이다. 그러나 이러한 희생이 정신적인 통일성과 고결성을 확보하기 위해 불가결한 것이라면 그것은 우리의 삶을 최고로 완성하는 것이 될 수 있다.

이러한 희생은 광적인 정치 이데올로기나 종교가 가르치는 마조히즘적인 희생과는 근본적으로 다르다. 마조히즘적인 희생은 인간이 자아를 실현하고 완성하기 위한 행위가 아니라 그 자체가 목적이 된다. 마조히즘적인 희생은 자아를 절멸하는 데서 삶의 완성을 찾는 것이다.

마조히즘과는 달리 사디즘은 동물이든 어린아이든 살아 있는 것들을 절대적으로 지배하려는 욕망을 본질로 갖는다. 네로나 연산군과 같은 폭압적인 군주뿐 아니라 모든 사람은 자신들보다 무력한 사람들을 지배할 수 있다. 현대 사회를 비롯하여 대부분의 사회체제에서는 하층계급의 사람들도 자신에게 종속된 사람들을 지배할 수 있다. 그렇게 지배받는 대상들은 가정에서는 어린아이나 아내나 동물이 될 수 있으며, 사회에서는 소수 종교집단, 교도소의 수감자, 부유하지 않은 입원 환자(특히 정신병 환자), 학교의 학생, 회사의 부하, 소수민족이나 인종이 될 수 있다.

사디즘적인 성격의 소유자는 오직 힘만을 찬양한다. 그는

존 윌리엄 워터하우스, 〈어머니를 죽이고 후회하는 네로〉, 1878.

힘을 가진 사람들을 숭배하고 그들에게 복종한다. 그리고 무력해서 반격할 수도 없는 사람들을 경멸하고 지배하려고 한다. 사디스트들의 또 다른 특성은 무력한 자에 의해서만 자극을 받고 강한 자에 의해서는 자극을 받지 않는다는 점이다. 예를 들어, 그는 자신과 대등한 상대와 싸울 때는 적에게 상처를 입히더라도 아무런 쾌락을 맛볼 수 없다. 이는 그가 상대에게 상처를 입혔어도 상대를 지배하고 있다고 느낄 수 없기 때문이다.

사디즘 역시 마조히즘과 마찬가지로 분리감을 극복하기 위한 몸부림이다. 그는 다른 사람들을 자신에게 예속시키는 방식으로 사람들과의 분리감에서 벗어나려고 한다. 이 점에서 그는 자신이 지배하는 상대에게 의존해 있다. 더 나아가 사디스트는 다른 생물이나 인간을 절대적으로 지배함으로써 분리감을 극복하는 동시에 자신의 힘을 느끼고 싶어 한다. 그러나 그가 느끼는 힘이나 권력은 사실은 진정한 힘이 아니다.

이와 관련하여 프롬은 권력이란 용어가 가질 수 있는 두 가지 의미를 구별하고 있다. 권력은 한편으로는 다른 사람을 지배할 수 있는 능력을 의미하는 반면에, 다른 한편으로는 어떤 일을 할 수 있는 능력을 의미한다. 이 후자의 권력이야말로 진정한 힘이며 어느 누구에게 의지하지 않고서도 자신의 잠재력을 실현할 수 있는 힘이다. 이러한 힘을 가진 사람들은 남들을 지배할 필요를 느끼지 않으며, 지배할 수 있는 권력을 갈망하지도 않는다. 이에 반해 이러한 진정한 힘을 결여한 사람들은 자신에 대한 불안감과 무력감에 사로잡혀 있다. 따라서 이들은 다른 사람들을 지배하는 방식으로 자신의 힘을 확인함으로써 불안감과 무력감에서 벗어나려고 한다.

다른 사람을 지배하는 사람은 순전히 물리적인 차원에서만 본다면 분명히 상대방보다 더 우월한 힘을 갖고 있다. 만일 내가 다른 사람을 살해할 힘을 가지고 있다면 나는 그보다는 '강한' 것이다. 그러나 심리학적으로 고찰해 보면, 다른 사람들을 지배하는 권력을 갈망하고 그러한 권력을 자랑하는 자들은 사실은 자신의 무능력에 대한 불만과 불안에 사로잡혀 있다. 사디즘은 진정한 힘을 결여하고 있는 인간이 사이비 힘이라도 획득하려고 하는 절망적인 시도다.

사디즘과 마조히즘은 정반대의 행태를 보이지만 그것들은 하나의 근본적인 상태, 즉 자신에 대한 불안감과 무력감이 나타나는 두 가지 방식에 불과하다. 사디스트도 마조히스트도 자신의 무능력을 '보완하기' 위하여 다른 사람을 필요로 한다. 사디스트는 다른 사람을 자신의 도구로 삼는다. 마조히스트는 자신을 다른 사람의 도구로 만든다. 양자 모두 자신 안에 중심을 가지고 있지 않기 때문에 서로에게 의존한다. 바로 이러한 관계가 프롬이 공생관계라고 부르는 것이다.

이와 관련하여 프롬은 파괴적인 인간 내지 네크로필로스적인 인간을 사디스트로부터 구분한다. 네크로필리아 necrophilia는 죽은 것, 부패한 것, 썩은 냄새를 풍기는 것, 병든 것에 열광적으로 끌리는 성향을 가리키는 정신분석학적인 용어다. 그러나 프롬은 그것을 살아 있는 것을 죽은 것으로 만들려는 정열, 파괴 자체를 위해서 파괴하려는 정열을 가리키는 의미로 사용한다.

파괴적인 인간의 대표적인 예로 프롬은 히틀러를 든다. 히틀러는 독일의 패망을 앞두고 독일의 모든 것을 파괴하라고 부하들에게 명령을 내린다. 물론 바로 아래에서 보겠지만, 히틀러는 파괴적인 인간일 뿐 아니라 사디스트이면서도 마조히스트이기도 하다. 사디즘이나 마조히즘과 마찬가지로 파괴적인 성향은 외부세계에 대한 참을 수 없는 고독감과 무력감에서 비롯된다. 파괴적인 인간은 외부세계를 파괴함으로써 고독감과 무력감에서 벗어나려고 하는 것이다.

파괴적인 인간이 대상을 파괴하고 제거하는 방식으로 자신의 힘을 느끼고 싶어 하는 반면에, 사디스트는 대상을 지배하는 방식으로 자신의 힘을 느끼고 싶어 한다. 따라서 파괴적인 인간과는 달리 사디스트는 자신이 지배할 대상을 필요로 하며 그것이 없을 경우에는 괴로워한다. 사디스트는 그의 희생자들이 볼 때는 자유롭고 독립적인 인간인 것처럼 보인다. 그러나 그는 실은 희생자들을 필요로 하며 그들에게 의존한다.

사디즘과 마조히즘은 서로 밀접하게 연관되어 있다. 따라서 동일한 인간에게서 사디즘과 마조히즘이 함께 나타나는 경우가 많다. 사디즘과 마조히즘이 함께 나타나는 경우를 프롬은 '사도-마조히즘'이라고 부른다. 히틀러를 예로 들면,

그는 국민들을 사디즘적으로 대했지만 운명이나 역사와 같은 '보디 큰 힘'에 대해서는 무조건 복종해야 하는 것으로 보면서 마조히즘적인 방식으로 반응했다.

프롬은 사도-마조히즘을 '권위주의적 성격'이라고도 부른다. 능동적인 형태든 수동적인 형태든 권위주의적인 성격의 소유자들은 대개 아랫사람에게는 군림하고 윗사람에게는 복종하는 사도-마조히즘적인 성격을 보인다. 권위주의적인 성격이 지배하는 사회는 복종을 요구받고 있는 사람들의 독립성과 비판적 사고능력을 약화시키는 경향을 갖는다.

이는 그러한 사회가 사람들에게 어떠한 종류의 오락이나 자극도 허용하지 않는다는 것을 의미하지는 않는다. 그런 사회는 다만 인격의 발달을 촉진하기보다는 제한하는 오락이나 자극만을 제공한다. 로마의 황제들은 사디즘적인 구경거리를 제공했으며, 현대 사회는 매스컴을 통해 범죄, 전쟁, 잔학 행위를 줄기차게 보도하면서 동일한 구경거리를 제공한다.

3장
사랑의 여러 형태

1. 인류애

인류애는 모든 인간을 형제처럼 사랑하는 사해동포주의적인 사랑이다. 이러한 사랑의 특징은 배타성이 없다는 것이다. 인류애는 모든 인간은 하나라는 인식에 바탕을 두고 있다. 인종, 종교, 출신, 학력, 경력, 재능, 지식, 지능 등에서의 차이는 모든 사람에게 존재하는 인간적 핵심의 동일성과 비교하면 무시해도 좋은 것이다.

이러한 동일성을 경험하기 위해서는 사람들 사이의 주변적인 차이에서 핵심으로 침투해야만 한다. 우리가 서로를 표면적으로만 지각할 때 우리는 주로 차이점만을 지각하게 된다. 이러한 차이점은 우리를 분리시킨다. 이에 반해 핵심으로 파고들면 우리는 인간 모두의 동일성을 경험하면서 모두가 형제라는 사실을 지각하게 된다.

이런 맥락에서 볼 때, 사회적으로 무시받는 무력한 자에 대한 사랑, 가난한 자에 대한 사랑은 인류애의 시작이다. 자신의 가족을 사랑하는 것은 훌륭한 일이 아니다. 동물도 자신의 새끼를 사랑하고 보호한다. 무력한 낯선 사람을 동정함으로써 우리는 인류애를 성숙시킨다. 사해동포주의적인 사랑으로서의 인류애는 모든 형태의 사랑에 토대가 된다.

2. 모성애와 부성애

1) 모성애

한 인간이 다른 인간과 맺는 가장 기본적이고 친밀한 유대는 아이와 어머니 사이의 유대다. 아이는 어머니의 자궁에서 삶을 시작하며 다른 동물들보다도 더 오래 그 속에 머물러 있다. 출생한 뒤에도 아이는 무력하기에 어머니에게 전적으로 의지한다. 아이에게 어머니는 영양분과 보살핌을 준다. 어머니의 사랑을 받는다는 것은 아이에게는 산다는 것 자체를 의미하고, 지상에 평온하게 정착하는 것을 의미한다.

어머니와의 관계에서 아이는, 프로이트의 용어를 사용하면 자기도취, 곧 나르시시즘에 빠져 있다. 아이는 자신의 욕망밖에 알지 못하며 세계는 자신의 욕망을 충족시키기 위해서 존재한다고 생각한다. 따라서 아이는 자신의 욕망이 충족되지 않으면 충족될 때까지 울면서 떼를 쓴다.

아이는 성장해 가면서 사물을 있는 그대로 지각하게 된다. 사물들을 자신의 욕망을 위해 존재하는 것으로 보지 않고 독자적인 성질을 갖는 것으로서 지각하게 되는 것이다. 이와 함께 아이는 사물들에 명칭을 부여하는 것을 배우게 된다. 그러나 8세 반이나 10세 이전의 아이들 대부분이 가장 관심을 갖는 것은 '사랑을 받는' 것이다. 이 나이까지의 아이는 아직 사랑할 줄 모른다. 그는 사랑을 받고 싶어 할 뿐이다. 그러다가 아이들이 8세 반에서 10세가 되면 어머니나 아버지에게 시든 그림이든 무엇인가를 주고 싶어 하게 된다.

윌리암 아돌프 부그로, 〈소라 껍데기〉, 1871.

아이들은 사랑을 받기만 하기보다는 사랑을 주고 싶어 하는 자가 되는 것이다.

아이들이 더 성숙하게 되면 다른 사람들의 욕구도 자신의 욕구만큼 중요한 것으로 생각하게 된다. 이와 함께 주는 것을 받는 것보다 만족스럽고 즐거운 것으로 경험하게 되는 것이다. 이렇게 사랑을 주게 되면서 아이는 자신의 욕망밖에 모르던 자기도취 상태에서 벗어나게 된다. 아이들의 사랑은 '나는 사랑받기 때문에 사랑한다'는 원리를 따르지만, 성숙한 사랑은 '나는 사랑하기 때문에 사랑받는다'는 원리에 따른다. 성숙하지 못한 사랑은 '나는 그대가 필요하기 때문에 그대를 사랑한다'는 원리에 따른다. 그러나 성숙한 사랑은 '그대를 사랑하기 때문에 나에게는 그대가 필요하다'는 원리에 따르는 것이다.

아이의 탄생이 아이를 감싸 주는 어머니의 자궁에서 떠나는 것을 의미하듯, 성장은 어머니의 보살핌에서 떠나는 것을 의미한다. 그러나 성인이 된 다음에도 어머니의 따뜻한 품에 대한 갈망은 사라지지 않는다. 이러한 갈망이 극도로 심해지면 정신분열증이 된다. 이런 환자는 어린아이의 초보적인 기능도 발휘하지 못하고 자궁 안의 태아처럼 행동한다.

어머니의 보호와 사랑에 대한 이러한 집착을 인간의 성장 과정에서 중요한 문제로 본 첫 번째 사람은 프로이트였다. 이 점에서 프로이트는 높이 평가할 만하다. 그러나 프로이트는 이러한 집착을 아이가 어머니에 대해서 갖는 성욕이란 관점에서 해석했다. 프로이트는 성인 남성이 갖는 성적인 욕망을 어린 소년에게 투사한 것이다. 프로이트는 어린 소년은 제일 가까이 있는 여성인 어머니에게 성욕을 느끼지만 이러한 욕망은 아버지라는 강자에 의해서 좌절된다고 보았다. 이러한 좌절과 함께 아이가 아버지에 대해 갖게 되는 증오와 적대감이 바로 프로이트가 말하는 오이디푸스 콤플렉스다. 그러나 프롬은 어머니에 대한 아들의 집착이 어머니에 대한 성욕 때문이 아니라 어머니의 아늑한 자궁 안에 머물거나 그 안으로 되돌아가고 싶은 갈망, 혹은 어머니의 젖을 빨고 싶은 갈망에서 비롯된 것이라고 본다.

어머니에 대한 집착이 성적인 것으로 나타날 경우에도, 그 원인은 어머니의 품속으로 돌아가고 싶은 갈망이 너무 강해서 성욕에까지 영향을 미쳤기 때문이다. 성욕 자체가 결정적인 원인은 아닌 것이다. 더 나아가 우리의 성욕은 그 대상을 작 바꾼다, 그것은 혹시라도 어머니에게 향했을지라도, 곧 이성에게 향하게 된다. 일반적으로 성욕은 청년을 어머니에게서 분리시켜 다른 이성에게 향하게 하는 힘이지, 어머니에게 묶어 두는 힘이 아니다.

프롬은 프로이트가 '어머니에 대한 아이들의 집착'을 왜곡 해석한 것은 당시의 엄격한 가부장적 사고방식에서 벗어나지 못했기 때문이라고 본다. 프로이트는 아버지야말로 아이가 가장 사랑을 받고 싶어 하는 사람이라고 믿었다. 따라서 프로이트는 아이가 아버지의 보호를 받고 싶은 욕망보다 강한 욕망은 없다고 말했다. 프로이트의 이러한 견해에 반해서, 프롬은 아이는 아버지의 사랑보다 어머니의 사랑을 더 받고 싶어 하며, 이러한 욕망보다 더 큰 욕망은 없다고 본다. 이와 함께 프롬은 프로이트가 아이의 성장에서 어머니의 사랑이 갖는 중대한 지위를 아버지의 사랑에 부여했다고 비판한다. 프로이트는 어머니라는 여신을 성적인 욕망의 대상으로 격하하고, 아버지를 우주의 중심으로 격상시켰다는 것이다.

인간의 성장 과정에서 아이와 어머니와의 유대를 중시

한 사람은 프로이트보다 1세대 전에 활동했던 스위스의 법학자이자 인류학자 요한 야코프 바흐오펜Johann Jakob Bachofen (1815-1887)이다. 당시의 심리학자와 인류학자 대부분은 가부장적인 편견 때문에 남성이 아니라 여성이 지배하는 사회를 생각할 수 없었다. 그러나 바흐오펜은 인류의 역사에서는 가부장적 단계에 앞서 어머니와의 유대가 개인적으로나 사회적으로 가장 결정적인 의미를 가졌던 단계, 즉 모계 사회의 단계가 있었다고 본다.

바흐오펜은 모계 사회가 갖는 긍정적인 측면을 높이 평가했다. 바흐오펜은 모계 사회에서는 삶과 자유와 평등을 긍정하는 감각이 넘쳤다고 보았다. 어머니가 자기 아이를 사랑하는 것은 자기 아이가 다른 아이보다 더 낫거나 다른 사람보다 자기의 기대에 부응하기 때문이 아니다. 어머니는 그 아이가 단순히 자신의 아이이기 때문에 사랑할 뿐이다. 따라서 어머니에게 자신의 모든 아이는 똑같이 자신의 사랑과 돌봄을 받을 권리를 갖는다. 그러나 어머니의 사랑은 자연적인 본능에서 비롯되는 것이다. 따라서 모계 사회에서 인류는 아직 자연적 본능에 묶여 있으며 자신의 이성적 능력을 발전시킬 수 없었다.

2) 부성애

바흐오펜은 아버지의 역할에도 긍정적 측면뿐 아니라 부정적 측면이 존재한다고 보았다. 남성은 임신도 출산도 할수 없고 아이를 기르고 보살피는 일을 맡고 있지 않기 때문에, 여성보다는 자연적인 본능의 영향을 덜 받는다. 따라서 남성은 자연적인 본능에서 벗어나 이성을 개발하고 이념적인 원칙과 법이 지배하는 인위적인 사회체계를 창조했다. 어머니는 자연적인 본능과 무조건적인 사랑 그리고 정주定住와 안정을 상징하는 반면, 아버지는 추상적인 이성, 양심, 의무와 법, 위계질서, 여행과 모험을 상징한다.

아버지는 자식에게 전적인 포용과 사랑을 주기보다는 이념적인 원칙과 법에 대한 복종을 요구한다. 아버지는 자식이 아버지의 기대에 부응하고 아버지의 재산과 사회적 역할을 이어 갈 수 있는 능력을 갖게 될 때 자식에게 사랑을 준다. 따라서 아버지와 자식의 관계는 어머니와 자식의 관계만큼 친밀하지 않고 언제든 분리될 소지를 포함하고 있다.

가부장 사회가 가질 수 있는 긍정적인 측면은 이성과 훈련 그리고 양심이고, 부정적 측면은 위계질서와 억압 그리고 불평등과 복종이다.

프로이트는 아버지만이 우리가 양심을 형성하는 데 영향을 미친다고 보았다. 어린 소년이 어머니를 둘러싸고 아버지와 성적인 경쟁을 벌이다가 아버지의 위협에 놀라 아버지의 명령과 금지에 굴복할 때, 양심이 형성된다. 나중에 아이가 아버지에게서 독립했을 때도 아버지의 명령과 금지가 그의 양심의 내용이 된다는 것이다. 그러나 프롬은 아버지와 어머니 모두가 양심의 형성과 발전에 중대한 영향을 미친다고 보면서, 양심에도 부성적인 양심과 모성적인 양심이 있다고 본다. 곧 우리에게는 도덕적·법적 원리, 즉 의무와 책임에 충실하라고 말하는 내면의 소리도 있고, 다른 사람들을 무조건적으로 용서하고 사랑하라고 말하는 내면의 소리도 있다.

프롬은 이 양자가 서로 균형을 이루어야 한다고 말한다. 의무의 명령만을 따르는 양심은 사랑의 명령만을 따르는 양심과 마찬가지로 왜곡된 것이다. 우리는 원리원칙에 따르는

렘브란트 하르먼스 판레인, 〈돌아온 탕아〉, 1661-1669.

부성적인 양심을 가지고 판단할 수도 있어야 한다. 그러나 동시에 모든 사람과 생물에 사랑을 느끼면서 모든 범죄를 용서하는 모성적인 양심의 소리에도 귀를 기울일 수 있어야 한다.

3) 왜곡된 모성애와 부성애

프롬은 참된 모성애는 두 가지 요소를 갖는다고 본다. 하나는 아이의 생존과 신체적인 성장에 절대적으로 필요한 보호와 책임이다. 또 하나는 아이에게 삶에 대한 사랑과 긍정적인 감정을 갖게 하는 것이다. 다시 말해서 어머니는 아이가 '산다는 것은 좋은 일이다'라고 생각하는 밝은 성격을 갖게 해야 한다.

이 두 번째 요소를 충족시키기 위해 어머니는 '좋은 어머니'일 뿐 아니라 행복한 사람이어야 한다. 삶에 대한 어머니의 긍정과 마찬가지로 삶에 대해 어머니가 느끼는 불안과 염증도 아이들에게 전해지면서, 아이들이 삶에 대해 갖는 태도에 결정적인 영향을 미친다. 어머니가 자신의 삶에 대해 끊임없이 한탄할 때, 아이들은 산다는 것은 힘든 일이라고 생각하는 어두운 성격의 소유자가 되기 쉽다.

프롬은 또한 자신이 욕망밖에 모르는 자기도취와 자식에 대한 소유욕과 지배욕이 모성애에 개입될 수 있다고 본다. 이 경우 자식에 대한 어머니의 사랑은 자식을 통해서 대리만족을 얻고 싶어 하는 욕망일 가능성이 높다. 이런 어머니는 자식을 사회적으로 인정받는 존재로 만들고 이를 통해 자기만족을 얻기 위해 아이의 적성이나 소망을 무시하게 된다.

이 경우에는 자식의 고유한 욕망을 무시하고 자신의 욕망만을 중시하는 자기도취가 모성애의 동기로서 작용한다. 특히 어린아이는 어머니의 의지에 완전히 종속되어 있기 때문에, 소유욕과 지배욕을 가진 여성이 자신의 욕망을 충족시킬 수 있는 좋은 수단이 된다. 이런 어머니는 자식이 성인이 된 후에도 자식을 자신에게 묶어 두려고 한다. 어머니에게 종속된 남성들, 곧 흔히 '마마보이'라고 불리는 남성들은 어머니를 통하지 않고서는 살 수도 없고, 피상적인 성적 관계를 맺는 것 이상으로 여성을 사랑할 수도 없다.

자신의 욕망을 위해 자식을 파괴하고 흡입하는 측면은 모성애의 부정적 측면이다. 어머니는 생명을 줄 수도 있지만,

생명을 빼앗을 수도 있다. 어머니는 자식을 소생시킬 수도 있지만, 자식에게 가장 큰 부담과 압박을 줄 수도 있다.

모성애의 참된 본질은 아이가 독립적인 인간으로 성장하도록 돕는 것이다. 바로 이 점에서 모성애는 연인 사이의 사랑과 근본적으로 다르다. 연인 사이의 사랑에서는 분리된 두 사람이 한 몸이 된다. 모성애에서는 한 몸이었던 두 사람이 분리된다. 모성애란 아이가 자신에게서 분리되어 가는 과정에서 아이에게 모든 것을 주면서도 아이의 행복 이외에는 아무것도 바라지 않아야 하는 매우 어려운 과제다.

많은 여성이 이러한 과제를 수행하는 데 실패한다. 자기 도취적이고 소유욕과 지배욕이 강한 여성은 아이가 연약하고 자신에게 의지할 때만 '사랑하는' 어머니가 될 수 있다. 오직 참으로 사랑할 줄 아는 여성, 받기보다는 주는 데서 더 많은 행복을 느끼는 여성만이 아이가 자신에게서 독립해 나갈 때도 사랑하는 어머니로 남을 수 있다.

아버지의 사랑 역시 아버지가 권위주의적이고 자식에 대한 집착이 강한 경우에는 자식의 정상적인 성숙을 막기 쉽다. 그러한 아버지는 모든 애정과 관심을 아들에게 쏟는다.

그는 '좋은' 아버지이지만 권위주의적인 아버지이다. 그는 아들에게 만족한 때는 아들을 칭찬하고 정답게 대하지만, 아들에게 불만을 느낄 때는 아들을 꾸짖는다. 이러한 아버지에 대해서 아들은 노예적인 방식으로 집착하기 쉽다. 그가 삶의 목표로 여기는 것은 아버지를 기쁘게 하는 것이다.

성인이 된 후에도 이런 사람은 자신이 애착을 느끼는 사람에게서 아버지상을 찾아내려고 한다. 그리고 그는 아버지 같은 사람의 인정을 받기 위해 열심히 노력한다. 그는 양심적이고 성실하며 근면하다. 이 때문에 그는 윗사람들의 후원을 받아 성공할 가능성이 매우 높다. 그러나 이들은 여성에게 깊은 애정을 느끼지 못한다. 여성은 그들에게 큰 중요성을 갖지 못한다. 심지어 그들에게는 여성을 경멸하는 성향까지 있다.

아이가 어릴 적에는 아버지의 사랑보다는 어머니의 사랑에 더 중요한 의의가 있다. 그러나 어느 정도 성장하고 나면 아이에게는 아버지의 인정을 받고 싶어 하는 욕망이 생기기 때문에 아버지의 사랑도 어머니의 사랑 못지않게 중요한 것이 된다. 따라서 아버지의 사랑은 위협적이거나 권위주의적이어서는 안 되고, 참을성 있고 관대한 것이어야 한다. 아버지는 자식이 성숙해지기를 인내심 있게 기다려야 하고, 자식이 혹시라도 잘못을 범했어도 관대하게 받아 주면서 자식에게 자신감과 용기를 북돋아 줘야 한다. 이런 아버지와 함께할 때 자식은 아버지의 권위에 맹목적으로 복종하는 상태에서 벗어나 스스로 삶의 원리와 규범을 정립하고 그것들을 구현하려고 하는 원숙한 인격을 갖게 될 것이다.

3. 연인 사이의 사랑

1) 성욕의 본질

인류애는 동등한 자들 사이의 사랑이고, 모성애는 무력한 아기에 대한 사랑이다. 이러한 사랑들은 서로 다른 성격을 갖지만, 한 사람만 특별히 사랑하는 것은 아니라는 점에서 동일하다. 인류애는 모든 인간을 사랑하는 것이고, 모성애는 자신의 아이들 모두를 사랑하는 것이다. '연인 사이의 사랑'은 이러한 사랑들과 완전히 다르다. 연인 사이의 사랑은 다른 한 사람과 완전히 융합하고자 하는 갈망이다. 따라서 연인 사이의 사랑은 본질적으로 배타적인 성격을 갖는다. 두 연인은 상대방이 오직 자신만을 성적으로 사랑하기를 원한다.

남성과 여성은 생리적으로 전혀 다르면서도 다른 성과의 합일과 사랑을 추구한다. 프로이트는 연인 간의 사랑이 성욕의 발현이나 승화라고 본다. 이에 반해 프롬은 성욕을 합일과 사랑에 대한 욕망의 발현이라고 본다. 프로이트는 성욕이 충족되지 못한 상태를 신체의 고통스러운 긴장 상태라고 보면서, 성욕은 자신을 분출함으로써 이러한 긴장 상태에서 해방되는 것을 목표한다고 본다.

그러나 프롬은 성욕의 본질적 성격을 프로이트처럼 파악할 경우에는, 자위야말로 성욕을 해소할 수 있는 가장 이상적인 수단이 될 것이라고 본다. 사실 연인은 생리적으로도 성격적으로도 크게 다르기 때문에, 연인 간의 사랑은 서로에 대해서 많은 신경을 써야 할 만큼 복잡하고 힘든 것이 될 수 있다. 따라서 우리는 충족되지 못한 성욕으로 인해 생기는 신체의 고통스러운 긴장 상태를 반드시 연인 간의 성관계를 통해서 해소할 필요는 없다. 그러한 상태는 오히려 자위를 통해서 얼마든지 간단히 해소할 수 있다.

그러나 서로 사랑하는 두 연인은 성관계를 통해 단순히 성욕을 해소하려는 것이 아니다. 두 연인은 서로의 사랑을 확인하면서 온몸과 마음으로 하나가 되기를 바란다. 따라서 사랑이나 서로에 대한 호감이 전혀 존재하지 않는 성관계는 여성뿐 아니라 정상적인 남성 대부분에게도 씁쓸하게 느껴질 것이다.

프롬은 프로이트가 성욕이 갖는 이러한 심리적 측면, 즉 연인의 양극성과 이러한 양극이 하나가 되려는 욕망을 무시하고 있다고 본다. 프롬은 프로이트가 이러한 오류를 범하게 된 것은 프로이트가 연인 간의 사랑을 생리학적으로 파악하려고 했기 때문이라고 본다. 기계론적인 자연과학이 당시에 과학의 모범으로 간주되고 있었기에, 프로이트는 연인 간의 사랑도 생리 화학적인 현상으로 설명하고 싶었던 것이다.

프로이트와 달리 프롬은 연인이 서로에게 성적인 매력을 느끼는 것은, 생리적인 욕망으로서의 성욕에서 극히 부분적으로만 비롯되는 것일 뿐 실은 다른 성과 하나가 되려고 하는 욕망에서 비롯된다고 보고 있다. 여성은 남성의 성적인 기능에만 매력을 느끼는 것이 아니라 남성적인 성격에 매력을 느낀다. 이는 남성도 마찬가지다.

남성적 성격은 적극성, 지도력, 모험심과 같은 특성을 갖고 있고, 여성적 성격은 수용성, 세심한 배려, 모성애와 같은 특성을 갖고 있다. 물론 프롬은 각 개인에게서는 두 성격이 함께 혼합되어 있고 한쪽의 성격이 우위를 차지하고 있을 뿐이라고 말한다. 프롬에 따르면 연인이 이렇게 서로 다른 성격을 갖고 있기 때문에, 남성은 여성을 지배하려는 사디즘적인 형태로 여성과 합일을 추구할 수 있다. 그리고 여성은 남성에게 복종하려는 마조히즘적인 형태로 남성과의 합일을 추구할 수 있다.

프로이트는 성욕이 인간의 삶에서 차지하는 비중을 지나치게 과대평가한다는 비판을 들어 왔다. 이러한 비판은 주로 성욕을 터부시하는 보수반동적인 사람들로부터 제기되었다. 프로이트는 자신에게 가해지는 비판의 이면에 존재하는 이러한 보수반동적인 동기를 잘 알고 있었다. 따라서 그는 자신의 이론을 변화시키려는 모든 시도에 저항했다. 실로 프로이트의 시대에 프로이트의 이론은 도전적이고 혁명적인 성격을 가지고 있었다. 그러나 프롬은 1900년대에 타당했던 것이 오늘날에도 타당할 수는 없다고 본다. 프롬은 프로이트가 성욕의 중요성을 과대평가하고 있다고 비판하는 것이 아니라 성욕을 충분히 깊이 이해하지 못했다고 비판하는 것이다.

연인 사이의 사랑도 합일에 대한 보편적인 욕망을 바탕으로 하고 있다. 이러한 욕망을 토대로 하여 근본적으로 서로 다른 생리구조와 심리구조를 갖는 두 남녀 사이에는 다른 관계에서 보기 드문 '합일을 향한 강렬한 욕망'이 일어난다. 연인 사이에서 보이는 합일에 대한 강렬한 욕망이 연인 사이의 양극성과 결부되어 있다는 사실은, '남자와 여자는 원래 한 몸이었지만 두 몸으로 나뉘었고 그때부터 모든 남성과 여성은 자신의 잃어버린 반쪽을 찾아 다시 결합하려 한다'는 신화에서 잘 표현되고 있다. 남성과 여성이 본래 하나였다는 생각은 또한 신이 아담의 갈비뼈로 이브를 만들어냈다는 구약성서의 이야기에서도 나타나고 있다. 물론 여기에서는 구약성서가 갖는 가부장적인 성격 때문에 여자가 남자에게 종속된 존재로 표현되고 있다.

남성적 요소와 여성적 요소의 양극성은 각각의 남녀 속에도 존재한다. 남성과 여성 각자는 자기 내부에서 이러한 양극성을 결합할 경우에만 성숙한 인격으로 성장할 수 있다. 남녀라는 양극성은 창조의 원천이기도 하다. 이러한 사실은 생물학적으로 정자와 난자의 결합에서 아이가 탄생한다는 사실에서 일차적으로 분명하게 나타난다. 그러나 순수하게 정신적인 영역에서도 사정은 다르지 않다. 연인 사이의 사랑을 통해 연인은 새롭게 탄생하는 것이다. 남성적 요소와 여성적 요소라는 양극성은 자연에도 존재한다. 인간을 비롯한 동물에게 암컷과 수컷이 존재하는 것처럼, 자연 전체에도 밤과 낮, 어둠과 빛, 물질과 정신이라는 양극이 존재한다. 이렇게 자연이 남성적인 것과 여성적인 것이라는 극으로 이루어져 있다는 사상은 이슬람교의 위대한 시인이며 신비주의자인 루미Rumi(1207-1273)의 시에서 아름답게 표현되고 있다. 프롬은 이 시를 길게 인용하고 있지만 여기서는 부분적으로만 인용하기로 한다.

"현자의 눈에는 하늘은 남자, 땅은 여자다.

땅은 하늘이 떨어뜨리는 것을 키운다.

땅에 열이 없으면 하늘은 열을 보내고,

땅이 신선함을 잃고 황폐하게 되면,

하늘은 땅을 다시 회복시킨다.

하늘은 아내를 위해 식량을 찾아 헤매는 남편처럼

땅 위를 돌고,

땅은 자식을 낳아 기른다.

땅과 하늘은 지혜롭게 일하나니

땅과 하늘에게도 지혜가 있다고 생각하라.

땅과 하늘이 서로에게 기쁨을 느끼지 않는다면

왜 땅과 하늘이 연인들처럼 포옹하고 있는가?

땅이 없으면 어떻게 꽃이 피고 나무가 자랄 것인가?

땅이 없다면 하늘은 무엇을 위해 물과 열을 만들어 낼 것
인가?

신이 남자와 여자가 서로 결합하게 함으로써

세계를 보존하려는 욕망을 심어 준 것처럼

신은 모든 사물에게 자신의 다른 반쪽을

찾으려는 욕망을 심어 놓았다.

낮과 밤은 표면적으로는 적이지만

농일한 목적을 추구하고

서로의 일을 완성하기 위해

서로 사랑한다."

2) 연인 사이의 사랑이 취할 수 있는 기만적인 형태들

프롬은 모성애나 부성애와 마찬가지로 연인 사이의 사랑도 기만적인 형태로 나타나기 쉽다고 본다. 아니, 프롬은 연인 사이의 사랑이야말로 가장 기만적인 것이 되기 쉽다고 말하고 있다. 연인 사이의 사랑은 자주 우상 숭배적인 성격을 갖는다. 영화나 소설에서 자주 묘사되고 사람들이 '위대한 사랑'으로 찬양하는 사랑은 사실 서로에 대한 '우상 숭배'에 불과한 경우가 많다.

우상 숭배란 자기 소외의 산물이다. 자기 자신의 힘을 독립적이고 창조적으로 전개하는 성숙한 성인이 되지 못한 사람은 자신이 사랑하는 사람을 '우상화'하기 쉽다. 사람들은 지혜나 사랑, 결단력이나 리더십처럼 자신이 가지고 있는 잠재적인 능력들을 신이나 정치지도자, 종교지도자 등에게 투사한다. 그리고 자신을 그러한 잠재적인 능력들을 갖지 못한 불완전한 인간으로 비하하면서 이러한 우상들과 우상들의 명령에 무조건 따라야 한다고 생각한다.

포이어바흐Ludwig Andreas Feuerbach(1804-1872)는 인간이 만들어낸 것이 하나의 독립적인 힘이 되어 인간을 지배하게 되는 것을 소외라고 불렀지만, 우상 숭배야말로 바로 이러한 소외의 대표적인 현상이다. 원래 자신에게 속하는 훌륭한 잠재력들이 우상에게 투사되면서 그것들이 자신을 지배하는 낯선 힘으로 나타나는 현상이 바로 소외다.

연인의 사랑에서도 아직 정신적으로 성숙하지 못한 사람은 자신이 가지고 있는 잠재적 능력을 상대방에게 투사하면서 상대방을 최고의 선, 즉 온갖 사랑과 빛과 지복을 간직하고 있는 자로서 숭배할 수 있다. 이 경우 그는 자신의 주체적이고 창조적인 능력을 믿지 못한다. 따라서 그는 자신이 숭배하는 상대 없이는 자신의 인생은 아무런 의미도 갖지 못한다고 생각한다. 그는 상대를 사랑할수록 자신을 더욱더 상실해 간다.

이러한 우상 숭배적인 사랑에는 보통 사랑에 '빠진다'는 폭발적인 경험이 수반된다. 한 사람이 다른 사람을 짝사랑일 때는 격렬한 고통이 수반된다. 그러나 두 사람이 서로를 우상시하면서 사랑에 빠질 때는, 조금 전까지만 해도 누 낯선 사람 사이에 있던 장벽이 갑자기 무너져 버리는 강렬한 일체감과 황홀감이 수반된다.

그러나 격렬한 고통이든 황홀감이든 서로가 서로에 대해서 잘 알게 될 경우, 이러한 감정들은 오래 지속되지 못한다. 짝사랑하던 사람이 상대의 사랑을 얻게 되더라도 그는 자신이 우상시하던 상대가 자신의 기대를 충족시키는 사람이 아니라는 사실을 곧 발견하게 된다. 그러면 그는 상대에게 실망하면서 새로운 우상을 찾아 나선다.

서로 사랑에 빠진 사람들은 서로 사랑에 '빠질 때'는 상대의 마음에 들기 위해서 가면을 쓰고 만나는 경우가 많다. 그러다가 서로가 이러한 가면 뒤의 상대방을 적나라하게 보게 되면, 흥분은 실망으로 쉽게 변해 버린다. 기대가 컸던 만큼 실망도 커서, 상대방에 대한 존경과 찬양은 상대방에 대한 비난과 조소로 변한다.

우상 숭배적인 사랑에는 보통 일상적으로 경험하기 힘든

강렬한 감정과 황홀감이 수반되기 때문에, 그것은 참되고 위대한 사랑으로 묘사되곤 한다. 그러나 그러한 강렬함과 황홀감은 사실 우상 숭배적인 사랑을 하던 사람이 사랑에 빠지기 전까지 극도의 절망감과 고독감에 사로잡혀 있었다는 사실의 표현에 지나지 않는다. 만일 우리가 상대방을 진정으로 사랑한다면, 상대방이 '갑자기' 황홀한 존재로 보이거나 '갑자기' 실망스러운 존재로 보이는 일은 일어날 수 없다. 두 사람 사이에서는 모든 장벽이 어느 날 갑자기 사라지는 것이 아니라, 오히려 서로 간의 장벽을 극복하는 기적이 매일 새롭게 일어날 것이다.

사람들은 흔히 진정으로 사랑하는 사람들 사이에는 전혀 갈등이 없을 것이라고 생각하는 경향이 있다. 그러나 사랑은 단순한 휴식 상태가 아니라 함께 활동하고 성장하는 것이기에 두 사람 사이에는 갈등이 생길 수밖에 없다. 우리는 흔히 자신과 전혀 갈등을 빚지 않을 상대를 발견하고 싶어 하지만, 이는 불가능하다. 오히려 사랑하는 연인 사이에서도 갈등은 항상 일어날 수 있다는 사실을 명심하면서 그러한 갈등을 서로에 대한 신뢰를 통해 극복하는 것이 중요하다.

연인 사이의 사랑이 띨 수 있는 두 번째의 기만적인 형태는 감상적인 사랑이다. 이러한 사랑은 상대방과의 실세적인 관계에서는 경험되지 않고 다만 환상 속에서만 경험될 뿐인 사랑이다. 많은 경우 이런 사랑은 영화와 잡지 속의 사랑 이야기나 사랑에 대한 유행가를 소비하는 두 연인이 그러한 이야기나 노래를 통해 대리만족을 느끼는 형태로 나타난다. 서로의 벽을 허물 수 없었던 그들은 두 연인의 행복한 사랑이나 불행한 사랑을 그린 영화를 함께 감상하면서 감동을 받는다. 그리고 눈물을 흘리면서 자신들도 서로를 사랑한다고 생각하는 것이다.

그러나 이때 두 연인은 사실 이상적인 사랑에 대한 충족되지 않는 욕망을, 그것을 낭만적으로 아름답게 그린 영화를 함께 소비함으로써 충족시키고 있을 뿐이다. 사랑이 백일몽인 한에서 그들은 서로를 사랑한다. 그러나 사랑이 두 사람 사이의 현실적 관계가 될 때 두 사람 사이의 감정은 얼어붙는다.

감상적 사랑의 또 다른 형태로 프롬은 '시간에 의한 사랑의 추상화'를 들고 있다. 부부는 과거에도 사실은 진정으로 사랑하지 않았지만, 그들이 지난날에 나누었다고 생각하는 사랑에 대한 기억이나 미래에 나눌 사랑에 대한 환상에 의해 깊은 감동을 받을 수 있다. 프롬은 이러한 경향을 현대인의 일반적인 태도와 일치하는 것으로 본다. 현대인은 과거나 미래에 살고 오늘을 살지 못한다. 현대인은 어린 시절이나 자신의 어머니를 감상적으로 회상하거나 미래에 대한 행복한 계획을 세운다. 영화가 아름답게 묘사하는 허구적인 사랑에 참여함으로써 대리만족을 얻는 것이든, 과거나 미래의 미화된 사랑에 도취하는 것이든 그것들은 추상화되고 소외된 사랑이다. 그것들은 사람들이 현재 느끼는 고통과 고독을 진정시키는 마취제일 뿐이다.

연인 사이의 사랑이 가질 수 있는 기만적인 성격은 성적 욕망의 기만적 성격에서 상당 부분 비롯된다. 사람들은 육체적으로 서로를 원할 때 서로 사랑하고 있다고 착각하기 쉽다. 그러나 성적 욕망은 사랑에 의해서도 자극되지만, 고독이나 불안에 의해서, 혹은 정복하거나 정복당하려는 욕망에 의해서, 혹은 허영심이나 상처를 내고 심지어 파괴하려

는 욕망에 의해서 자극된다. 성적 욕망은 이렇게 강렬한 정
서에 쉽게 뒤섞이고 강렬한 정서에 의해 쉽게 자극된다. 그
러나 사람들은 자신이 어떤 사람에게 성적인 욕망을 느낄
때 그 사람을 사랑한다고 생각하기 쉽다.

프롬은 이렇게 사랑과 혼동되는 격렬한 성적 욕망은 사실
은 탐욕의 일종이며 서로를 탐식하려는 욕망에 불과하다고
말한다. 그것은 두 사람이 또는 두 사람 중 하나가 다른 사
람을 완전히 소유하려는 욕망이다. 때때로 사람들은 매우
정열적인 성적 경험을 '우리는 서로에게 달려들었다' 같은
말로 묘사한다. 그들은 실로 굶주린 늑대들처럼 서로에게
달려든다. 그러나 이들을 지배하는 근본적인 감정은 사랑은
커녕 즐거움도 아니고 서로에 대한 소유욕일 뿐이다. 이들
은 격렬하게 성관계를 하지만, 성관계가 끝난 후에는 쉽게
자신의 소유물이 되지 않는 상대에 대한 증오와 적대감에
사로잡히게 된다.

물론 사랑이 성적 결합에 대한 욕망을 불러일으킬 수 있
다. 그러나 이런 바탕의 육체적 관계에는 탐욕, 또는 정복하
거나 정복당하려는 욕망은 없고 부드러움만이 존재한다. 육

앙리 드 툴루즈 로트레크, 〈키스, 침대에서〉, 1892.

체적으로 결합하려는 욕망이 연인이 서로를 존중하는 참된 사랑에서 비롯되지 않았다면, 그러한 욕망은 도취적이고 일시적인 합일밖에 초래하지 못할 것이다. 연인 사이의 사랑이 가질 수 있는 이러한 부드러움은 프로이트의 생각과는 달리, 결코 성적 본능을 승화시킨 것이 아니다. 그러한 부드러움은 상대방에 대한 존중의 결과다.

앞에서 언급했듯이 연인 사이의 사랑이 갖는 특성은, 인류애나 모성애와는 달리 두 사람이 육체를 서로 섞을 정도로 서로에게 서로를 전폭적으로 위임하는 성격에 있다. 이러한 특성 때문에 프롬은 연인 사이의 사랑이 서로에 대한 독점욕으로 변화할 수 있는 위험이 있다고 본다.

우리는 흔히 서로 사랑한다는 두 사람이 다른 사람들에 대해서는 전혀 사랑을 느끼지 못하는 것을 볼 수 있다. 그들은 모든 남성은 아담의 한 부분이고 모든 여성은 이브의 한 부분이라는 사실을 보지 못한다. 이 경우 그들의 사랑은 사실은 두 사람 사이의 이기주의에 지나지 않는다. 그들은 서로를 하나의 고귀한 인격으로서 진정으로 존중하지 못한다. 따라서 그들의 합일은 환상에 지나지 않는다.

연인 사이의 사랑은 실로 상대방 이외의 다른 사람을 이성으로 대하는 것을 배척한다. 이는 연인 사이의 사랑은 육체까지도 포함한 생명의 모든 면에서 서로가 완전히 융합되고 자신을 상대방에게 전적으로 위임하는 것이기 때문이다. 그러나 그것은 깊은 인류애라는 면에서는 모든 사람에 대해서 열린 태도를 취한다. 진정으로 사랑하는 연인은 자신이 사랑하는 상대방을 통해서 모든 인류를 사랑하는 것이다.

연인 간의 진정한 사랑은 본질적으로 능동적인 의지의 행위다. 곧 그것은 나의 생명을 다른 한 사람의 생명에 완전히 위임하는 결단의 행위다. 바로 이것이 결혼은 결코 파기할 수 없다는 사상의 근본적인 근거다. 또한 그것은 부모가 서로 짝을 지어 줬음에도 두 배우자가 서로 사랑할 것을 기대하던 전근대적인 결혼제도를 뒷받침했던 사상이다.

오늘날 이러한 사상은 구시대적이고 전적으로 잘못된 것으로 치부되고 있다. 오늘날 사랑은 거역할 수 없는 감정에 갑자기 사로잡히는 것으로 여겨진다. 그러나 이 경우 연인 간의 사랑에서 중요한 역할을 하는 '의지'라는 요소가 무시되고 있다. 어떤 사람을 사랑한다는 것은 단순히 강렬한 감정만의 문제는 아니다. 그것에는 적극적인 판단과 약속, 즉 의지와 결단이 개입되어 있다.

만일 사랑이 한갓 감정에 불과한 것이라면 사람들은 영원한 사랑을 약속할 수 없을 것이다. 이는 감정이 닥쳐왔다가 곧 사라져 버리는 변덕스러운 성격을 갖고 있기 때문이다. 물론 그렇다고 해서 연인 간의 사랑에서 특정한 어떤 사람에게 끌리는 감정이 중요하지 않다는 이야기는 아니다. 연인 간의 사랑에서는 실로 그러한 감정이 중요한 역할을 한다. 그러나 이러한 감정이 지속되기 위해서는 서로가 서로를 존중하고 배려하는 원숙한 인격을 갖기 위해 노력해야한다.

4. 자기애

프롬은 이기주의利己主義와 자기애自己愛를 구별하고 있다. 이기주의는 자신에 대해서 만족하지 못하는 인간이 신의 은총, 권력, 대중적 인기, 재산 등과 같은 외적인 것들을 가능한 한 많이 소유함으로써 자신의 불만족한 상태를 극복하려는 태도다. 이기주의자는 자신의 이익 외에는 안중에 없는 사람이다. 그러나 이기주의자도 외적인 것들에 의존하고 이러한 외적인 것들은 이기주의자가 완전히 통제할 수 있는 것이 아니기에, 항상 불안한 처지에 있다. 예를 들어 이기주의자는 대중적인 인기를 소유하려고 노력할 수 있지만, 대중의 애정과 관심이라는 것은 변덕스럽기 때문에 우리가 믿고 의지할 수 있는 것이 아니다.

명성이나 대중적 인기, 돈이나 권력에 눈이 멀어 자신을 혹사하는 사람은 언뜻 보기에는 자신을 가장 사랑하는 것처럼 보인다. 그러나 그는 사실 그러한 외적인 것들의 노예가 된 사람이다. 따라서 이기적인 사람은 자신의 삶에 만족하지 않으며 자신을 사랑하지 않는다. 그는 오히려 자기 자신에 대한 사랑과 배려의 결여로 인해 공허감과 좌절감을 느끼고 있다. 그는 자신을 돌보기 위해 열심히 노력하는 것 같지만, 이러한 노력은 자신의 진정한 자아를 돌보는 데 실패한 것을 은폐하고 보상하려는 몸부림일 뿐이다.

이기주의와 달리 자기애는 자신의 참된 성장과 행복에 관심을 갖는다. 자신을 참으로 사랑하는 자는 자신의 성장과

귀스타브 쿠르베, 〈파이프를 물고 있는 자화상〉, 1848-1849.

행복이 외적인 것들의 소유에 의해서가 아니라 사랑과 지혜와 같은 자신의 이성적인 능력을 실현함으로써 주어진다는 사실을 잘 알고 있다. 그는 타인을 지혜롭게 사랑함으로써 자신이 풍요로워지고 행복해지는 것을 경험한다.

이기주의자는 자신에 대한 사랑과 타인들에 대한 사랑을 서로 모순되는 것으로 본다. 그는 타인을 사랑하고 타인에게 자신을 주게 되면 자신은 그만큼 빈곤해질 것이라고 생각한다. 이러한 생각은 사람들을 서로 무관한 고립된 실체로 보는 데서 비롯된다. 그러나 모든 인간과 사물은 생명이란 동일한 기반 위에서 서로 결합되어 있다. 따라서 우리가 다른 인간이나 다른 사물을 침해하게 되면 우리 자신도 반드시 침해받게 된다.

예를 들어 다른 사람을 증오할 경우, 그러한 증오는 우리의 진을 빼면서 다른 사람보다도 우리를 더 힘들게 하고 병들게 한다. 따라서 우리 자신의 성장과 행복은 모든 인간과 사물에 대한 존중과 사랑에 비례한다. 자기 자신의 성장과 행복에 대한 관심은 다른 사람의 성장과 행복에 대한 관심과 모순되지 않는다. 오히려 양자는 서로를 요구한다. 우리가 만일 자신을 사랑한다면, 모든 사람을 사랑할 것이다.

이기주의와 자기애는 이렇게 근본적으로 다른 것이지만, 사람들은 보통 자기를 사랑하는 것을 이기주의와 혼동하면서 죄악시한다. 프로이트만 해도 자기애를 자신밖에 모르는 자기도취와 동일한 것으로 보고 있다. 이 경우 타인에 대한 사랑과 자기애는 한쪽이 많을수록 다른 쪽이 줄어든다는 의미에서 서로 모순되는 것으로 파악된다. 이러한 입장에서는 자기애는 악한 것으로 배척하면서 자신을 배려하지 않는 이타주의는 높이 평가하게 된다.

프롬은 자기애를 이기주의뿐 아니라 자신을 사랑할 줄 모르는 이타주의와도 구별한다. 만일 어떤 사람이 자기 자신을 사랑하지 않고 오직 다른 사람만을 사랑한다면, 그는 사실은 다른 사람을 사랑할 줄 모르는 사람이다. 이런 사람은 자신이 '자기 자신을 위해서는 아무것도 바라지 않고', '다른 사람을 위해서 살 뿐이며', 자신을 소중하게 여기지 않는 것을 자랑한다.

그러나 그는 사실 삶을 사랑하고 즐기는 능력이 없기 때문에, 삶에서 공허감과 무력감을 느낀다. 더 나아가 그는 이런 자신에 대해 염증과 적의를 느낀다. 그는 이러한 공허감과 무력감 그리고 적의를 자기희생을 통해서 극복하려고 한다. 이는 자기희생은 흔히 미덕으로 찬양받기 때문이다. 그는 타인들로부터 자기희생적이고 이타적인 인간으로 찬양을 받고 자신도 그렇게 믿음으로써 자신의 삶에 다시 활력을 불어넣고 싶은 것이다.

그는 자신을 사랑하지 못하기에 사실은 타인을 사랑하는 방법도 알지 못하며 타인을 사랑하지도 않는다. 그는 자기자신과 자신의 삶에 적대감을 느끼는 것처럼 사실은 타인에게도 적대감을 느낀다. 프롬은 이러한 현상을 지나치게 자식을 걱정하는 어머니의 예를 통해 설명하고 있다. 이런 어머니는 자식을 위해서 자신을 희생하느라 자신은 삶을 즐기지 못한다고 항상 한탄한다. 그리고 자식들에게 자신의 이러한 희생을 알아줄 것을 요구한다.

이런 어머니는 아이를 지나치게 사랑하기 때문이 아니라 사실은 아이를 사랑할 능력이 전혀 없다는 것을 보상하기 위해 아이에게 지나친 관심을 가질 뿐이다. 그러나 아이들은 아직 이러한 사실을 헤아릴 능력이 없다. 아이들은 자신을 희생하는 어머니의 눈치를 보면서 어머니를 실망시킬까 봐 불안해한다 이와 함께 아이들은 삶에서 기쁨을 느끼지 못하게 되고 오히려 삶에 대한 어머니의 염증과 적의에 물든다.

프롬은 자녀들에게 사랑과 기쁨 그리고 행복이 무엇인가를 경험하게 하는 것에는 자기 자신을 사랑할 줄 아는 어머니의 사랑만큼 크게 영향을 미치는 것도 없다고 말한다. 이와 함께 프롬은 또한 이타적인 어머니가 이기적인 어머니보다도 아이에게 더 안 좋은 영향을 끼칠 수 있다고 본다.

5. 신에 대한 사랑

1) 신 관념의 역사적 변화

신에 대한 사랑 역시 다른 형태의 사랑과 마찬가지로 분리 상태를 극복하고 합일을 이룩하려는 욕구에서 비롯된다. 신에 대한 사랑은 종교라는 형태로 나타난다.

우리는 앞에서 인간은 본능이 약화되고 이성을 갖게 됨으로써 자신이 낯선 세계에 홀로 던져져 있다고 느끼게 된다는 사실을 보았다. 인간은 세계로부터의 이러한 분리감에서 벗어나 세계와 새로운 합일에 이르고 싶어 한다. 그러나 이러한 합일은 인간이 자신의 이성을 포기하고 동물적인 상태로 되돌아감으로써 도달하게 되는 합일이 아니다. 그것은 오히려 자신의 이성적인 능력을 온전히 개화하는 것을 통한 합일이다. 그런데 이러한 새로운 합일에 도달하는 과정에서 신을 어떤 존재로 생각하느냐가 결정적인 역할을 하게 된다. 이는 신은 인간이 추구하는 최고 가치의 구현자이기 때문이다.

인간은 역사적으로 변화하는 존재이기 때문에 종교도 역사적으로 변화해 왔다. 종교가 변화해 왔다는 것은 인간이 신을, 다시 말해서 최고의 가치를 무엇으로 생각하는지가 시대마다 달라져 왔다는 것을 의미한다. 인간이 모든 것을 압도하는 강력한 힘을 최고의 가치로 생각할 때 신은 그러한 전능한 힘의 소유자로 여겨진다. 이 경우 인간은 자신이 섬기는 신처럼 모든 것을 지배하는 자가 되는 방식으로 세계와의 분리감에서 벗어나려고 할 것이다. 이에 반해 인간이 뭇 생명에 대한 사랑과 지혜를 최고의 가치로 생각할 때

신은 그러한 가치의 구현자로 여겨진다. 그리고 이때 인간은 뭇 생명에 대한 사랑을 통해서 세계와의 분리감에서 벗어나려고 할 것이다.

인류 역사의 초기에도 인간은 자연과의 원초적 합일 상태에서 벗어나 자연으로부터 분리되어 있다는 느낌을 받았다. 그러나 인간은 아직 자연과의 원초적 합일 상태에 집착하고 있다. 따라서 인간은 자신이 여전히 식물이나 동물에 속한다고 생각하는 방식으로 세계와의 분리감에서 벗어나려고 한다. 이와 함께 동물은 사람들이 숭배하는 신, 즉 토템이 된다. 사람들은 가장 엄숙한 종교적 제의나 싸움터에서 동물의 가면을 쓰면서 그 동물과 자신이 하나라고 느끼고 싶어 한다.

인류의 정신이 좀 더 발달하면서 자연을 개조하고 지배하는 기술이 개발되기 시작할 때면, 인간은 자신들이 만들어낸 것들을 신으로 숭배한다. 이것은 점토, 은, 금으로 만든 우상을 숭배하는 단계다. 인간은 자신의 힘을 자신이 만든 사물에 투사하면서 그러한 사물 자체가 그러한 힘을 갖는 것으로 생각한다.

인류의 정신이 더욱 발달하게 되면, 인간은 자신을 가장 고귀한 존재로 생각하면서 최고의 존재인 신도 인간의 형상을 갖는다고 보게 된다. 이러한 신은 모계 사회에서는 어머니의 형태를 띤다. 여기서 신은 모든 인간을 조건 없이 사랑하는 어머니의 성격을 갖는다. 그다음 부계 사회에서 신은 자신이 내린 계율과 명령에 순종하는 자식들을 특별히 사랑하는 아버지의 형태를 띤다. 이러한 사회에서는 아버지인 신의 사랑을 획득하기 위해 구성원들이 서로 경쟁하고 투쟁하며, 이러한 경쟁과 투쟁의 결과로 위계질서가 생기게 된다. 부계 사회에서 형성된 그리스신화, 유대교, 그리스도교, 이슬람교에서는 제우스처럼 으뜸 되는 남성신이 모든 것을 지배하거나 여호와나 알라처럼 다른 모든 신이 제거되고 유일신이 지배한다.

그러나 부계 사회에서도 어머니의 무조건적 사랑에 대한 소망이 사라질 수는 없다. 따라서 신의 모성적인 측면은 부계 사회의 종교에도 흔적을 남기고 있다. 그것은 가톨릭에서 볼 수 있는 죄인까지도 포용하는 '교회'라는 이념과 '성모 마리아'라는 상징 속에 남아 있다.

또한 극히 부성적인 신이라고 할 수 있는 프로테스탄티즘의 신에서도 신의 모성적인 측면은, 비록 은밀한 형태이기는 하지만 전적으로 사라지지는 않았다. 루터는 인간이 어떠한 '선한 업적'을 통해서도 신의 사랑을 획득할 수는 없다고 주장했다. 신의 사랑은 어떠한 조건과 상관없이 주어지는 무상無償의 '은총'이라는 것이다. 또한 루터는 진정한 종교적 태도는 자신을 연약하고 무력한 자로 간주하면서 신에게 자신을 전적으로 내맡기는 것이라고 보았다.

프롬은 루터의 이러한 신앙에서 신의 모성적인 측면을 엿볼 수 있다고 본다. 아버지의 사랑은 아버지의 뜻에 부응하는 선한 업적들을 통해서 얻을 수 있지만, 어머니의 사랑은 그러한 행위를 통해서 획득될 수 없다. 어머니의 사랑을 얻기 위해서 내가 할 수 있는 모든 것은 어머니의 사랑을 믿고 나 자신을 의지할 데 없는 어린아이로 만드는 것이다.

루터의 신 관념에 존재하는 이러한 모성적 측면에도 불구하고, 프롬은 루터의 신교는 근본적으로 부계 사회의 종교라고 보고 있다. 이는 루터의 신교는 신의 사랑을 항상 받고 있다는 확신보다는 신의 사랑을 받고 있는지에 대한 강렬

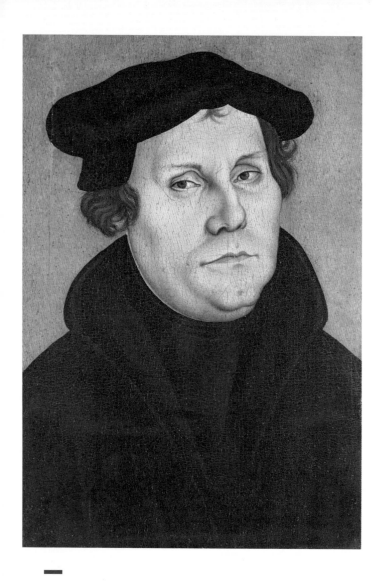

루카스 크라나흐, 〈루터의 초상화〉, 1528.

한 회의가 지배하고 있기 때문이다. 아이는 어머니의 사랑을 의심하지는 않지만, 아버지의 사랑과 관련해서는 자신이 과연 아버지의 사랑을 받기에 합당한 존재인지에 대해 항상 의심한다.

인류가 신을 어떤 존재로 생각하는지는 어떤 사회가 부계 사회냐 모계 사회냐에 따라서 달라지기도 하지만, 인류가 도달한 정신적 성숙의 정도에 따라서도 달라진다. 프롬은 신에 대한 관념이 성숙해 가는 과정을 원래 부계 사회의 종교였던 유대교와 그리스도교의 신앙을 담은 구약성서 및 신약성서를 예로 하여 고찰하고 있다. 구약성서와 신약성서를 신의 영감을 받아서 쓰인 것으로 생각하는 사람들은 구약성서와 신약성서에서는 줄곧 동일한 신이 지배하는 것처럼 여긴다. 그러나 구약성서와 신약성서야말로 인류의 정신이 발달함에 따라서 신 관념이 어떤 식으로 변화하게 되는지를 잘 보여 준다.

구약성서의 창세기에서 신은 자신이 창조한 인간을 자신의 재산으로 생각하면서 자기 마음대로 지배하는 전제적이고 질투심 많은 신이다. 신은 인간이 지혜의 나무인 선악과를 따 먹고 감히 신의 자리를 넘보았다는 이유로 인간을 낙원에서 추방해 버린다. 그리고 여성에게는 출산의 고통을, 남성에게는 평생을 힘겹게 일해서 가족을 부양해야 하는 고통을 벌로 내린다. 또한 신은 자신이 사랑하는 노아를 제외하고는 홍수로 인류를 몰살하고, 아브라함의 신앙을 시험하기 위해 아브라함에게 외아들 이삭을 죽이라고 요구한다.

그러나 동시에 새로운 단계가 시작된다. 신은 노아와 다시는 인류를 몰살하지 않겠다는 계약을 맺는다. 이와 함께 신은 자기 멋대로 인간을 다루지 못하게 되고 인간과의 계약에 자신을 속박하게 된다. 또한 신은 '최소한 열 명의 올바른 자가 있다면 소돔을 용서해 달라'는 아브라함의 간청에 양보하면서 정의의 원리에 자신을 속박하게 된다.

인류의 정신이 발달하게 될수록 부계 사회의 종교에서도 신은 전제적인 부족장의 형태로부터 자애로운 아버지의 형태를 띠게 된다. 더 나아가 신은 아버지의 모습에서 정의와 진리와 사랑이라는 원리의 상징이 된다. 신은 정의이고 진리이며 사랑이다. 이런 단계에서 신은 이미 인간이나 남성이나 아버지가 아니고, 다양한 현상의 배후에 존재하는 무한하고 궁극적인 존재의 상징이다. 그리고 이러한 궁극적인 존재는 인간과 무관하게 존재하는 것이 아니라 인간의 영혼에 깃들어 있는 것이기도 하다. 따라서 그것은 인간의 내면에 존재하는 이성적인 잠재력으로부터 개화될 수 있는 덕들에 대한 상징이기도 하다.

이러한 신은 이름을 가질 수 없다. 이름은 언제나 하나의 사물이나 인간, 즉 유한한 것에 대한 이름이기에 무한한 신은 이름을 가질 수 없는 것이다. 신이 모세에게 했던 '나는 스스로 있는 자다'라는 말은 바로 그러한 사상을 함축하고 있다. 신의 형상을 만들어서는 안 되고 신의 이름을 불러서도 안 된다는 사상은 신은 아버지이고 인간이라는 생각에서 인류를 벗어나게 하려는 목표를 지향하고 있다. 이때 신은 모든 현상의 궁극적인 근거가 된다.

신에 대한 관념이 인간과 동일한 형상을 갖는 신이라는 관념에서 모든 현상의 궁극적인 근거이자 정의와 사랑 그리고 진리를 상징하는 원리로서의 신이라는 관념으로 진화하면서, 신에 대한 사랑도 다른 성격을 갖게 된다. 신에 대한 사랑은 불합리하고 전제적인 신에 대한 무조건적인 복종이 아니라, 신이 상징하는 원리인 진리, 사랑, 정의를 스스로 구현하는 것이 된다. 그러한 원리를 실현할수록 인간은 신에 접근하게 되면서 신적인 성격을 갖게 되는 것이다.

2) 기복신앙과 신비주의

아브라함의 신은 때로는 용서하기도 하고 때로는 분노하기도 하는 아버지로서의 신이다. 이러한 신에 대해 우리는 감사를 느낄 수도 있지만 두려움을 느끼기도 한다. 이런 신은 권위주의적 신이다. 신을 권위주의적인 아버지와 같은 존재로 생각하는 한, 우리는 아무리 신체적으로는 성장했을지라도 정신적으로는 어린아이다. 흡사 어린아이처럼 우리는 아버지를 필요로 하는 것이다. 즉 우리를 지켜 주지만 우리가 복종하면 좋아하고, 복종하지 않으면 화를 내는 아버지를 필요로 하는 것이다.

사람들 대부분은 성인이 되고 나서도 이러한 유아적 단계를 극복하지 못한다. 따라서 신에 대한 그들의 신앙은 아버지로서의 신에 대한 신앙이다. 이 점에서 종교를 유아적인 의존상태의 연장이라고 보았던 프로이트의 종교비판은 무시할 수 없는 타당성을 갖는다. 어린 시절에 우리는 아버지가 우리 앞을 가로막은 모든 문제를 해결해 주기 때문에 아버지를 신처럼 전지전능한 존재로 생각한다. 성장함에 따라 우리는 아버지가 전능한 존재가 아니라는 사실을 깨닫게 된다. 그러나 우리가 삶에서 느끼는 불안과 무력감은 그대로다. 그 결과 우리는 아버지 대신에 상상 속에서 만들어 낸 전지전능한 신에게 의지함으로써 자신이 삶에서 느끼는 불안감과 무력감을 극복하려고 한다.

따라서 프로이트에 의하면 종교란 우리가 성인이 된 상태에서도 어린 시절 아버지에게 의지했던 경험을 반복하는 것이다. 신에게 기도하는 행위도 사실은, 앞으로 아버지 말을 잘 들을 것이니 자신이 원하는 장난감을 사 달라고 아버지에게 떼쓰던 어린 시절 행위의 연장이다. 이런 의미에서 프로이트는 종교를 유아기적인 의존 상태로 퇴행하는 것으로 본다. 이러한 현상은 유대교나 그리스도교 그리고 이슬람교뿐 아니라 기복신앙의 형태를 갖는 모든 종교에서 다 보인다. 이 경우 사람들은 신을 정의와 사랑과 진리라는 덕들의 온전한 구현자로서 보지 않고, 자신들의 세간적인 복을 실현하기 위한 도구로 본다.

그러나 프롬은 프로이트가 유신론적인 종교에서도 신 관념이 지속적으로 발전해 왔으며, 이러한 발전의 정점에서 신은 사랑과 정의 그리고 진리와 같은 정신적 원리의 상징이 된다는 사실을 고려하지 않았다고 본다. 신을 기복신앙의 대상으로 믿는 사람들도 신이 그러한 정신적 원리를 상징한다고 보면서 그러한 원리들을 스스로 실현함으로써 신에게 다가가려고 하기도 한다. 사람들 대부분은 이러한 두 가지 신앙 형태에서 오락가락한다.

그러나 정신이 유아기적인 의존 상태를 넘어서 성숙한 사람은 어떤 세속적인 복을 위해서 신에게 기도하지 않는다. 그는 어린아이가 아버지나 어머니를 사랑하는 것처럼 신을 사랑하지 않는다. 그는 사랑과 진리와 정의와 같은 덕들을 실현하는 것을 신앙의 핵심으로 삼는다. 프롬은 이러한 신앙 태도는 유대교와 그리스도교의 신비주의에서 가장 잘 나타난다고 본다. 이러한 신비주의는 신이 우리의 영혼에 깃들어 있다고 보면서, 우리 내면의 신성을 온전히 구현하는 것이 인간의 과제라고 본다. 프롬은 서양 중세의 가톨릭 신비주의자인 마이스터 에크하르트ₘₑᵢₛₜₑᵣ Eckhart(1260?-1327)의 말을 인용하고 있다.

> "신이 나를 신 자신과 하나가 되게 하고 내가 신이 된다면, 살아 있는 신에 의해 우리 사이의 차이는 사라진다. [⋯] 어떤 사람들은 마치 신이 저기 있고 자신들은 여기 있다고 생각하면서 자신 밖에서 신을 찾으려 한다. 신과 나는 하나다. 신을 인식함으로써 나는 신이 나에게 침투하게 한다. 신을 사랑함으로써 나는 신에게 침투한다."

프롬은 신을 인간의 잠재적 능력인 사랑과 정의 그리고 이성의 상징으로 보는 신 관념이 그리스도교에서뿐 아니라 중국의 공자와 노자, 인도의 부처, 그리스의 철학자들에게서도 이미 보인다고 말한다. 이런 의미에서 프롬은 유신론적인 그리스도교와 불교·도교·유교 등은 궁극적으로는 동일한 것을 가르친다고 본다. 그것들은 인간이 갖는 두 가지 이상, 즉 사랑을 통해 다른 사람들이나 사물들과 친밀하게 결합하면서도 독립적이고 자유로운 존재로 남고 싶다는 이상을 실현하려고 한다.

아울러 이러한 유신론적 신비주의와 불교·유교·도교는 지식이나 사고보다는 삶에서 이성적인 덕들을 실현하는 것을 강조한다. 이렇게 행위를 강조하는 입장에서 서양문명의 주류를 형성했던 '사고와 개념을 중시하는 태도'와는 다른 태도들이 생겨났다.

첫째로 인도와 중국의 종교적 발전에서 볼 수 있는 것과 같은 관용의 태도가 생겼다. 올바른 사고가 궁극적 진리나 구제에 이르게 하는 길이 아니라면 단순히 사고를 통해서 다른 신념체계에 도달한 사람들과 싸울 까닭이 없는 것이다.

둘째로 이러한 입장은 교의체계나 과학의 발달을 강조하기보다는 오히려 '인간의 성장'을 강조하게 되었다. 불교나 도교 그리고 그리스도교적 신비주의의 입장에서 보면 인간의 종교적 과제는 올바르게 사고하는 것이 아니라 올바르게 행동하는 것이고 마음의 정화를 통해서 궁극적인 실재와 하나가 되는 것이다.

이에 반해 서양에서는 올바른 사고와 개념적인 인식을 통해서만 궁극적 진리가 발견될 수 있다는 믿음이 큰 영향력을 갖고 있었다. 따라서 서양의 종교와 철학에서는 올바른 삶과 행동보다도 올바른 사고와 개념적 인식이 더 강조되었다. 이러한 경향으로 인해 서양을 지배해 온 그리스도교에서도 특정한 교리체계에 대한 신앙이 강조되었고, 무신론자나 이교도에 대한 비타협적이고 비관용적인 태도가 생겼다. 또한 신의 뜻에 따라 살면서도 신을 '믿지' 않는 사람이 아니라 비록 신의 뜻에 따라서 살지 않더라도 신을 믿는 자가 구원받을 수 있는 것으로 간주되었다.

3) 부모에 대한 사랑과 신에 대한 사랑

부모에 대한 사랑과 신에 대한 사랑 사이에는 의미심장한 상응 관계가 존재한다. 어린아이는 '모든 존재의 근원'으로서의 어머니에게 집착하는 것에서 시작한다. 어린아이는 자신이 무력하다고 느끼기에 모든 것을 감싸 주는 어머니의 사랑을 갈구한다.

그러나 이러한 단계를 지나면, 어린아이는 아버지가 아이에게 지킬 것을 요구하는 원리와 원칙을 구현하려고 하면서 아버지의 사랑을 갈구한다. 이 단계에서 아이의 주요한 관심사는 아버지의 칭찬을 받고 아버지의 비판을 피하려는 데에 있다.

우리가 완전히 성숙한 단계에 이르게 될 때에야 우리는 보호하고 명령하는 힘으로서의 어머니와 아버지에게서 해방된다. 우리는 자신 속에 어머니와 아버지의 원리를 체화하게 된다. 우리는 자기 자신의 아버지와 어머니가 되는 것이다.

인류의 역사에서도 우리는 동일한 발달 과정을 볼 수 있다. 인류는 어머니와 같은 여신의 무조건적인 사랑을 갈구하는 단계에서 시작하고, 그다음에는 아버지인 남자 신이 내린 계율에 순종하는 단계를 거친다. 마지막으로 신은 인간 외부의 초월적인 존재가 아니라 사랑과 정의 그리고 진리를 상징하는 존재가 된다. 이 단계에서 인류는 그러한 덕들을 실현함으로써 스스로가 신적인 존재가 되는 것을 지향한다.

이러한 사실에서 우리는 신에 대한 사랑과 부모에 대한 사랑은 분리될 수 없다는 사실을 알 수 있다. 우리가 어머나나 자신이 속한 집단, 민족에 대한 무조건적인 애착에서 벗어나지 못하거나, 상을 주고 벌을 주는 아버지나 어떤 다른 권위에 대한 의존 상태에서 벗어날 수 없다면, 우리는 신에 대한 성숙한 사랑을 발달시킬 수 없다. 그 경우 우리는 신을 매사에 무조건 우리 편을 들고 우리 자신을 무조건적으로 감싸 주는 어머니와 같은 존재나, 우리에게 상이나 벌을 주는 권위적인 아버지와 같은 존재로 생각하게 된다. 이 경우 우리는 아직 인류가 정신 발달의 초기에 믿었던 신을 믿는 데에 머무르고 있다.

불교든 그리스도교든 이슬람이든 현대의 모든 종교에는 가장 원시적인 단계에서부터 최고의 발달 단계에 이르기까지 모든 단계가 존재한다. 모든 종교에는 기복신앙과 함께 종교의 최고 형태인 신비주의가 존재하는 것이다. 마찬가지로 개인의 경우에도 무의식 속에 무력한 갓난아이 이후의 모든 단계가 깃들어 있다. 문제는 우리가 어느 정도까지 성숙했는가이다. 많은 사람이 여전히 신을 어머니나 아버지처럼 생각하면서 신에게 복을 달라고 기도하는 기복신앙에 빠져 있다. 이에 반해 정신이 성숙한 사람들은 동일한 종교를 믿어도 부처나 예수가 구현했던 자비와 사랑의 삶을 자기 삶에서 구현하는 것을 과제로 생각한다.

4장
현대 사회에서 사랑의 붕괴

1. 현대 사회에서 동정과 사랑의 소멸

프롬은 현대 사회에서 사랑이나 동정 그리고 자비와 같은 미덕들이 소멸하고 있다고 본다. 자본주의가 발달하면서 서양 중세의 가톨릭 세계가 미덕으로 여겼던 동정이나 자비는 더는 미덕으로 간주되지 않게 되었다. 예를 들어 미국 건국의 아버지 중 한 명인 벤저민 프랭클린이 열거하는 미덕에는 동정이나 사랑이나 자비와 같은 것들은 언급조차 되지 않는다. 자본주의가 가장 중시하는 것은 이른바 '경제적인' 진보, 즉 더 능률적인 생산 방식에 의해 생산을 증대시키는 것이다. 그 결과 인간의 성향과 활동에서 경제적 진보에 기여하는 것은 미덕으로 간주되는 반면에, 그것을 방해하는 것은 죄악으로 간주된다.

'노동자들의 인권'이란 개념이 아직 존재하지 않았던 19세기의 자본주의 사회에서는 노동자들에 대한 가혹한 착취나 경쟁 업체의 무자비한 제거는 생산력을 발달시키는 데 도움이 되지만, 동정이나 자비는 방해되는 것으로 간주되었다. 따라서 동정이나 자비는 값싼 감상感傷이나 어리석음으로 치부되었다. 생산을 증대시키는 것을 중심적인 윤리적 규범으로 삼음으로써 사람들은 냉혹하고 비인간적으로 되었다.

프롬은 현대의 복지 국가도 빈곤층에 대한 동정심이나 자비에서 생긴 것은 아니라고 본다. 19세기에는 아직 상품들의 공급보다는 수요가 더 많았기에 저축과 검약이 장려되었다. 그러나 20세기에 들어와 공급이 수요를 능가하면서 소비가 미덕이 되었다. 서구의 자본주의 국가들이 복지정책을 도입하지 않을 수 없었던 것은 대량으로 쏟아져 나오는 상품들을 소화하기 위해 대중의 구매력을 증대시켜야 할 필요성, 빈곤층이 혁명을 일으킬지 모른다는 두려움, 강화되어

가는 민주적 평등 의식 때문이었다.

　현대의 자본주의 사회에서 동정과 사랑은 희귀한 현상이다. 현대의 자본주의 사회를 지배하는 것은 사랑이 아니라 교환의 공정성이라는 원리다. 자본주의 사회에서는 이렇게 타산적인 관계가 지배하기 때문에 모두가 고독하며, 이러한 분리감을 극복하지 못한 데서 비롯되는 불안감에 시달린다.

　현대인은 고독감을 노동과 소비로 억압하려고 한다. 사람들은 기계적으로 아무 생각 없이 일한 후, 갖가지 소비물을 즐기는 데 탐닉한다. 사람들은 갖가지 상품, 구경거리, 음식, 술, 담배, 강의, 책, 영화를 소비한다. 모든 것이 소비되고 사람들은 모든 것을 삼켜 버린다. 세계는 사람들이 빨아 대는 커다란 유방이 된다. 우리는 젖을 빠는 자이고 끊임없이 쾌감을 갈구한다. 아무 생각 없이 노동하고 소비하는 자동기계처럼 되어 버린 현대인들은 사랑할 능력을 상실해 버렸다. 현대인들은 우정도, 연인 간의 사랑도 하나의 교환으로 생각한다. 다른 사람이 주는 정도만큼 자신도 주겠다는 것이다.

　사람들은 결혼도 외부세계에 대항하면서 두 사람의 이익

을 챙기는 동맹이라고 생각한다. 부부 '두 사람만'의 이기주의는 사랑으로 오해된다. 이에 따라 부부는 하나의 팀으로 여겨지고 부부 사이의 팀워크가 중시된다. 그러나 두 사람 간의 팀 정신을 강조하는 것은 최근의 일이고, 1차 세계대전 이후 수년 동안은 부부 사이의 성적인 만족이 행복한 결혼의 토대로 여겨졌다. 사랑과 결혼의 실패는 올바른 성행위에 대한 무지, 서툰 성 기교에 원인이 있다는 것이다. 이러한 생각은 사랑이 성적인 만족의 결과로 생기는 것이라는 단순한 생각을 전제로 깔고 있다.

그러나 프롬은 정반대로 생각한다. 사랑은 성적인 만족의 결과로 생기는 것이 아니고, 오히려 성적인 만족과 행복, 심지어 성적인 기교조차도 사랑의 결과다. 많은 자료에 의하면, 여성의 불감증과 남성의 발기불능은 그것들이 신체의 이상異常에서 비롯된 것이 아니라면 성적인 기교에 대한 지식의 부족 때문에 생기는 것이 아니다. 그것들은 서로 사랑하는 것을 불가능하게 하는 심리적인 억압에서 비롯된다.

보다 분명하게 말하자면, 이성에 대한 두려움이나 증오가 성행위에서 자신을 완전히 상대방에게 여는 것을 방해하는 것이다. 이러한 두려움이나 증오에서 해방되면 성적인 문제도 자연히 해결된다. 이에 반해 이성에 대한 두려움이나 증오에 계속해서 사로잡혀 있다면, 두 사람이 성적인 기교에 대해서 아무리 많은 지식을 갖고 있더라도 문제는 해결되지 않는다.

2. 프로이트 비판

프롬은 연인 간의 사랑을 성적인 만족의 산물로 보는 생각이 프로이트의 이론으로부터 크게 영향을 받았다고 본다. 프로이트에게 사랑은 본질적으로 성적인 현상이었다. 프로이트에 따르면, 성관계야말로 최대의 기쁨을 주는 것으로서 모든 행복의 원형이다. 프로이트는 인류애와 신에 대한 사랑까지 포함하여 모든 사랑을 성적 욕망의 결과이자 성적 본능이 승화된 것으로 본다. 그것들은 원래는 성적 욕망에서 비롯된 것이고 무의식 속에서는 여전히 성적인 사랑의 성격을 갖고 있다는 것이다. 프로이트는 사랑을 성적 욕망에서 비롯된 것으로 보기 때문에, 완성된 인격에서 비롯되는 참된 사랑과 비정상적인 사랑 사이에는 어떠한 본질적인 차이도 존재하지 않는다고 본다.

프로이트의 사랑관은 19세기에 유행했던 유물론의 영향을 크게 받았다. 이러한 유행에 따라서 사람들은 모든 정신적 현상의 근원을 생리학적 현상에서 발견할 수 있다고 믿었으며, 프로이트도 사랑, 증오, 야심, 질투 등을 성적 본능이 다양한 형태로 나타난 것으로 보았다.

프로이트는 인간의 삶에서 가장 결정적인 것은 성적인 욕망이 아니라, 첫째로 모든 인간에게 공통된 실존적인 상황에서 비롯되는 실존적 욕망들과 둘째로 특정한 사회구조에 의해 결정되는 사회적 성격이라는 사실을 보지 못하고 있다. 프롬에 따르면, 마르크스야말로 프로이트식의 유물론을 결정적으로 극복한 철학자다. 마르크스에게서는 신체나, 식욕, 소유욕과 같은 본능이 아니라 인간의 전체적 삶이 인간을 이해하는 열쇠가 된다. 프로이트는 인간은 본능적 욕구를 충분히 만족시키기만 하면 정신적으로도 건강하고 행복한 사람이 될 것이라고 본다. 그러나 성적 쾌락만 탐닉하는 사람들은 사실 행복하지 않고 오히려 갖가지 신경증적 갈등이나 증상에 시달린다.

　프롬은 프로이트의 사상이 1차 세계대전 이후의 서양에서 큰 인기를 얻을 수 있었던 것은 자본주의 정신에 일어난 변화 때문이었다고 본다. 즉 20세기에 들어와 자본주의는 19세기처럼 저축과 검약을 강조하지 않고 소비를 강조하게 되었다. 이러한 경향은 자동기계로 전락한 현대인들이 소비에 탐닉함으로써 고독감과 무력감을 극복하려고 하자 더욱 강화되었다. 이와 함께 어떤 욕망의 충족이든지 지연시켜서는 안 된다는 생각이 물질적 소비뿐 아니라 성과 관련해서도 사람들을 지배하게 되었다.

3. 신경증적인 사랑의 유형들

　서로를 성적으로 만족시키는 것으로서의 사랑이나 두 사람 간의 팀워크로서의 사랑이 현대 사회에서 부부 사이의 가장 지배적인 사랑 유형으로 자리 잡고 있다는 사실은 현대 사회에서 진정한 의미의 사랑이 붕괴되었다는 사실을 보여 준다. 프롬은 이러한 병적인 사랑들 외에 흔히 볼 수 있는 신경증적인 사랑의 유형들을 분석하고 있다.

신경증적인 사랑에서는 연인 중의 한 사람 또는 두 사람이 이미 성인이 되었으면서도 유아기에 아버지나 어머니에 대해서 품고 있던 기대나 두려움을 연인에게 전이시킨다. 이런 사람들은 지능이나 자신에게 부과된 사회적인 역할을 수행하는 능력 면에서는 성인이지만 감정 면에서는 두 살이나 다섯 살 또는 열두 살의 아이 상태에 있다. 물론 감정적인 미성숙 상태가 더 심각한 사람들은 정상적인 사회생활을 하지 못할 수도 있다.

어머니에 대한 유아기적인 애착 상태에서 벗어나지 못한 사람은 아직 어머니의 젖에 매달려 있는 사람이다. 이런 사람들은 커서도 어머니가 보여 주었던 것과 같은 무조건적인 보호, 따뜻함, 배려, 칭찬을 바란다. 이런 남성들은 여성을 유혹할 때나 유혹에 성공한 후에도 여성에게 매우 정답게 대한다. 그러나 여성에 대해서 그들이 표현하는 사랑은 사실 다른 사람들에 대한 사랑과 마찬가지로 피상적이고 무책임하다. 그들의 목적은 여성을 사랑하는 것이 아니라 그 여성에게서 어머니 같은 사랑을 받는 것이다.

리처드 쿡, 〈파리스를 꾸짖는 헥토르〉, 1808.

이러한 남성들은 자신이 원하던 어머니 같은 여성을 만나면 안정감을 느끼면서 애정을 표현할 수 있다. 그러나 여성이 그들의 기대를 충족시켜 주지 않으면 여성에게 실망하고 분노하기 시작한다. 여성이 그들을 찬양하지 않고 그녀가 자신을 주장하거나 여성 자신이 사랑받고 보호받기를 원하면, 이런 남성들은 깊은 상처를 받고 환멸을 느끼게 된다. 그들은 흔히 '여성이 더 이상 그를 사랑하지 않고 자신 위에 군림하려고 한다'는 식으로 자신의 감정을 합리화한다. 이런 남성들은 여성들에 대한 자신들의 기대와 소망을 순수한 사랑으로 착각한다. 따라서 여성이 자신을 찬양하지 않을 경우, 그들은 자신은 여성을 순수하게 사랑하고 있음에도 불구하고 여성에게 부당한 대우를 받고 있다고 생각한다. 이러한 유형의 남성들이 여성의 사랑을 잃고 고독한 상태에 처하게 되면, 강렬한 불안과 우울에 빠지기 쉽다.

이러한 증상의 보다 심각한 형태에서는 어머니에 대한 집착이 더욱 심하고 불합리하게 나타난다. 이 경우 남성들은 어머니의 아늑한 품이나 유방으로 돌아가는 것이 아니라 모든 것을 받아들이고 모든 것을 파괴하는 어머니의 자궁 속으로 돌아가기를 소망한다. 정상적인 인간은 어머니의 자궁에서 벗어나 세계 속에서 독립적인 인간으로 성장하려고 한다. 이에 반해 심각한 정신질환자는 세계에서 도피하여 어머니의 자궁으로 돌아가려고 한다.

이런 종류의 집착은 흔히 자식들을 삼켜 버리고 파괴하는 방식으로 자식들과 관계하는 어머니와의 관계에서 일어난다. 사랑이나 의무 같은 것을 구실로 하여 이러한 어머니들은 자식이 아이 때는 물론이고 청년이 되고 어른이 되었을 때도 자신에게 묶어 두려고 한다. 이 경우 남성들은 어머니를 통하지 않고서는 호흡할 수 없으며, 피상적이고 성적인 차원을 제외하고서는 여성을 사랑할 수도 없다.

신경증적인 사랑의 다른 형태는 자식이 아버지에 대한 애착을 느끼고 있는 경우에서 발견된다. 이 경우 어머니는 자식에게 냉담하지만, 아버지는 모든 애정과 관심을 아들에게 쏟는다. 아들에게는 아버지의 애정만이 자신이 받을 수 있는 유일한 애정이기 때문에 아들은 아버지의 사랑에 병적으로 집착한다. 이런 사람들은 여성들에 대해서 초연하고 냉담하며 보통은 가벼운 경멸감을 가지고 있다. 이들은 처음에는 이런 남성적 성격 때문에 여성들에게 매력적으로 보인다.

그러나 그들과 결혼한 여성이 남편의 아버지에 비해 자신이 남편의 삶에서 항상 부차적인 지위밖에 가지고 있지 않다는 것을 알게 될 때, 그들은 서로 실망하게 된다. 특히 아내도 아이처럼 아버지에게 애착을 느끼는 단계에 머물러 있다면, 그들은 더욱더 서로 실망하게 된다. 이 경우 아내는 남편이 자신이 아이였을 때 자신의 변덕스러운 뜻을 다 들어주었던 아버지처럼 자신을 대해 주기를 바란다.

신경증적인 사랑의 또 다른 형태는, 서로 사랑하지 않으면서도 말다툼을 억제하거나 서로에 대한 불만을 표현하지 않는 부모 밑에서 여자아이가 자랄 때 생기게 된다. 여자아이는 그러한 집안 분위기에 대해서 불안해하고 무서워한다. 여자아이는 부모가 느끼고 생각하는 것을 결코 알지 못한다. 그 결과 여자아이는 자신 속에, 즉 백일몽에 빠져 버리고 다른 사람들과 애인을 대할 때도 항상 겉돌게 된다. 이런 아이는 결혼 후에 남편이 자신을 야단치고 자신에게 소리 지르는 것을 좋아하는 마조히스트가 될 수 있다. 남편이 자신에게 소리 지를 경우에는 적어도 서로 말을 하지 않는 상태에서 자신을 짓누르는 긴장과 공포에서 벗어날 수 있기 때문이다.

신경증적 사랑의 또 하나의 형태는 자신의 소망과 기대를 상대방에게 투사하면서 상대방이 그러한 소망과 기대를 충족시키지 못하면 비난하고 비판하는 것이다. 이런 식으로 사랑하는 사람은 다른 사람에 대해서는 사소한 결점까지도 낱낱이 비판하면서 자신의 결점은 천연덕스럽게 무시해 버린다.

자신의 소망과 기대를 상대방에게 투사하는 사랑의 또 다른 형태는 자신의 소망과 기대를 자식에게 투사하는 것이다. 이런 식으로 자식을 사랑하는 사람은 자신의 삶에서 부딪히는 문제를 자식을 통해서 해결하려고 한다. 예를 들어서 자신의 삶에 의미가 없다고 느끼는 부모는 자식의 성공에서 삶의 의미를 찾으려고 한다. 또한 불행한 결혼생활을 유지하기 위한 방편으로 자식이 이용되는 경우도 자주 있다. 이 경우 부모들은 자식을 위해서 이혼은 안 된다고 주장한다. 그러나 이렇게 긴장과 불행이 지배하는 분위기에서

에드가르 드가, 〈벨렐리 가족〉, 1858-1867.

부부가 함께 살기보다는 이혼하는 것이 자식에게 더 좋은 영향을 미칠 수 있다. 부모가 이혼하게 된다면, 그들은 적어도 자식들에게 인간은 용기 있는 결정에 의해서 참을 수 없는 상황을 종결시킬 수 있다는 사실을 가르쳐 줄 수 있다.

이와 관련하여 프롬은 사랑을 두 사람 사이에 갈등이 전혀 없는 상태라고 생각하는 통념을 비판하고 있다. 사람들은 두 사람 사이의 갈등은 어느 쪽에도 이익이 되지 못하며 서로의 관계를 파괴할 수 있기 때문에 갈등을 피해야 한다고 생각한다. 그러나 사랑은 두 사람이 아무런 활동도 없이 휴식하는 상태가 아니라 자라 온 환경도 성격도 다른 두 사람이 함께 움직이고 성장하고 일하는 것이기에, 서로 간에 갈등이 생기는 것은 불가피하다. 따라서 두 사람 사이에 갈등이 존재할 경우에 갈등이 존재한다는 사실을 솔직하게 인정하면서 그것을 해결하고 극복할 방법을 모색하는 것이 필요하다. 이렇게 할 때 두 사람은 서로를 더 깊이 이해하게 되고 인격적으로도 더욱 성숙하게 될 것이다.

4. 신에 대한 사랑의 붕괴

이어서 프롬은 현대에서 신에 대한 사랑이 붕괴되고 있다고 말한다. 현대인들은 노동하고 소비하는 자동기계가 되어 서로 사랑하지 못하는 것처럼 신도 사랑하지 못한다. 오늘날에도 종교를 믿는 사람들은 많지만, 신에 대한 사랑은 사람들의 병적인 성격에 부응하는 우상 숭배가 되었다. 사람들은 종교적인 원칙이나 신념에 충실하지 못하며 실질적으로는 사회적으로 성공한다는 목표 이외에는 아무런 목표도 갖지 못하고 있다. 주말에는 교회에 나가서 신을 찾을지 모르지만, 일상의 삶은 모든 종교적 가치로부터 철저하게 단절되어 있다. 일상의 삶을 지배하는 것은 종교적인 신념을 실현하려는 갈망이 아니라 물질적 안락에 대한 갈망과 사회적으로 인정받고 성공하려는 갈망이다.

신에 대한 사랑과 관련하여 현대인들이 보이는 정신 상태는 세 살 난 아이에 비교될 수 있다. 세 살 난 아이는 부모가 필요할 때는 부모를 찾으며 울지만, 그렇지 않으면 자신의 놀이에 빠져 있다. 현대인들 역시 보통 때는 신을 전혀 생각하지 않다가 어려움이 닥치면 신에게 기도하면서 매달린다.

물론 서양 중세처럼 종교적인 문화가 지배했던 시대의 사람들 대부분도 현대인과 마찬가지로 신을 도움을 주는 아버지나 어머니로 여겼다. 그러나 그들은 종교적인 원칙과 신념에 따라서 살았고, '신에 의한 구원'을 다른 모든 활동이 그 아래 종속되어야 하는 최고의 가치로 삼았다. 이 점에서 그들은 현대인들보다도 훨씬 진지하게 신을 생각했다. 서양의 중세인들은 아버지의 가르침과 원칙을 따르려고 하는 여덟 살 난 아이에 비교될 수 있다. 이에 반해 현대인들은 종교를 믿더라도 종교의 원칙과 신념에 따라서 살지는 않는다. 따라서 현대인들은 서양의 중세인들보다는 오히려 우상 숭배를 하면서 어려울 때만 우상에 기구祈求하는 원시 부족에 더 가깝다.

더 나아가 현대에서 종교는 사람들이 시장경제에서 경쟁에 성공할 수 있도록 돕는 심리적 책략이 되었다. 종교는 오늘날 사람들의 자신감을 증대시키는 자기암시 및 심리요법과 제휴한다. 예컨대 한때 최대의 베스트셀러였던 N. V. 필 목사의 『적극적 사고방식』과 같은 책에서는 신에 대한 신앙과 기도가 사회적으로 성공하는 데 필요한 능력을 증진하는 수단으로서 권고되고 있다. 이 경우 '신을 당신의 반려로 삼으라'는 말은 사랑과 정의와 진리의 신과 일체가 되는 것을 의미하지 않고 오히려 신을 자신이 하는 사업의 동업자로 만들라는 것을 의미한다.

서양의 중세시대를 지배했던 것이 자신들의 종교를 믿지 않는 자들은 화형에 처할 정도의 맹목적인 광신, 즉 히스테리성 광기라면, 현대를 지배하고 있는 광기는 사상과 감정이 분리되어 있는 정신분열증이다. 장사를 하는 사람이라면 교회에서 사랑과 자애의 원리에 관한 설교를 듣지만, 손님이 아무리 경제적으로 딱한 사정에 처해 있어도 물건을 그냥 주려고 하지 않을 것이다. 사람들은 교회에 가지만 진심으로 사랑과 정의와 진리의 신을 섬기기 위해서가 아니라 견딜 수 없는 삶의 불안과 죄의식에서 벗어나기 위해서 가는 것이다.

우리가 다른 사람들과 분리되어 있다는 사실은 우리에게 죄의식을 불러일으킨다. 그것은 우리가 다른 사람들을 아직 사랑하지 못하고 있다는 것을 의미하기 때문이다. 프롬은 이러한 사실을 아담과 이브가 서로를 낯설게 생각하면서 상대 앞에서 발가벗고 선 자신을 부끄러워한다는 신화가 암시하고 있다고 본다. 인간은 다른 인간들을 낯설게 생각하면서 그들과 하나가 되지 못하는 자신에 대해서 죄책감을 느낀다는 것이다. 사람들은 교회에 가서 다른 사람들을 사랑하지 못하면서 살았던 일주일을 참회하고 마음의 안식을 얻는다. 프롬은 이런 식의 신앙도 신경장애의 한 조짐이라고 말한다.

프롬은 현대 사회에서 사랑은 예외적이고 주변적인 현상이라고 본다. 현대 사회에서는 거의 모든 직업이 조건적이고 타산적인 교환관계를 토대로 하여 수행되기 때문에 다른 사람들을 조건 없이 사랑하는 태도는 허용되지 않는다. 이는 현대 사회에서는 경제적인 안정과 성장만이 사회의 최대 관심사가 되고 있기 때문이다. 따라서 사랑을 우리 인간이 빠지기 쉬운 고독감과 무력감을 극복할 수 있는 유일한 합리적인 길로 보는 사람, 사랑을 극히 개별적인 주변적 현상이 아니라 사회적 현상으로 만들고 싶어 하는 사람은 현대의 사회구조를 철저하게 변화시킬 필요가 있다.

프롬은 자신이 지향하는 사회를 '인본주의적이고 공동체주의적인 사회주의'라고 부르면서, 이러한 사회에서만 사랑이 보편적인 현상이 될 수 있다고 본다. 이러한 사회주의는 붕괴되어 버린 동구 사회주의나 북한 사회주의에서 볼 수 있는 것처럼 새로운 소수가 지배계급이 되어 군림하는 사회주의가 아니다. 프롬이 지향하는 사회주의는 모든 사람이 사회와 기업의 운영에 참여하는 형태로, 경쟁이 아니라 협력이 지배하는 사회주의다.

5장

사랑의 실천

프롬은 사랑의 기술도 모든 기술과 마찬가지로 습득되어야 한다고 본다. 그리고 그것을 마스터하기 위해서는 훈련, 정신 집중, 인내, 절실한 관심이 필요하다고 본다. 프롬은 사랑의 기술을 습득하기 위해 이러한 요소들을 실현하는 데 현대인들의 생활방식이 큰 방해가 되고 있다고 보면서, 그러한 방해요인들을 세밀하게 분석하고 있다.

목공의 기술이든 의학의 기술이든 사랑의 기술이든 기술을 습득하기 위해서 요구되는 첫 번째 요소는 훈련이다. 현대인들은 훈련만큼 쉬운 것은 없다고 생각할지도 모른다. 사실 현대인들은 엄격하게 규격화된 일을 가장 잘 훈련된 방식으로 하면서 하루에 여덟 시간을 보내고 있다. 그러나 현대인은 일을 떠나서는 자신을 훈련하는 시간을 거의 갖지 못한다. 현대인은 일하지 않을 때는 게으름을 피우거나 빈둥거린다.

흔히 '긴장을 푼다'는 미명으로 이렇게 게을리 지내는 것을 프롬은 현대 산업 사회에서 행해지고 있는 삶의 규격화에 대한 반발로 보고 있다. 현대인은 자기 자신의 목적이 아닌 목적을 위해서 일해야 하며, 자기 자신의 리듬에 따르지 않고 작업환경 자체의 리듬에 따라서 일을 해야 한다. 따라서 현대인들은 일에서 받았던 스트레스를 하루의 일과가 끝난 후에 유아적인 방종에 빠짐으로써 해소하려고 한다.

프롬은 현대인들이 사랑의 훈련을 기피하는 이유는 단조로운 노동 이외에도 현대인들이 갖고 있는 '무노력, 무고통'의 신조에 있다고 본다. 사람들은 가장 힘든 일까지도 포함하여 모든 것을 아무런 노력 없이 혹은 작은 노력만으로 터득할 수 있어야 한다고 확신한다. 훌륭한 삶은 노력하지 않는 삶이 되었다. 학생들의 자율성을 증진한다는 명목으로 사람들은 공부를 가능한 한 쉽고 즐거운 것으로 만들려고 한다. 부지런히 공부할 것을 고집하는 교수는 '권위주의적'이고 '구식'이라고 불린다.

프롬은 이러한 교육 풍조가 하나의 허구적 믿음, 즉 현내의 사회체제에서는 누구나 자기가 하는 일을 좋아서 할 뿐 강요받아서 하지 않는다는 믿음에 뿌리를 두고 있다고 본다. 그러나 현대 사회에서는 공공연한 권위가 아니라 익명의 권위가 지배하고 있으며, 강요는 대중암시를 통한 동의로 위장되고 있을 뿐이다.

노력하지 않고 배운다는 생각은 그 외에 다른 뿌리를 가지고 있다. 기술의 진보로 인해 사람들은 힘든 노동에서 해방되었다. 이러한 해방은 인간의 에너지가 보다 고귀하고 창조적인 일들에 쓰이기만 한다면 하나의 큰 선물이 될 것이다. 그러나 사정은 그렇지 않다. 노동에서 해방되면서 오히려 나태하고 어떠한 노력도 두려워하는 심리 상태가 생겨나게 되었다.

무노력의 신조와 연관된 것이 무고통의 신조이다. 이것 역시 공포증에 가까운 형태로 나타나고 있다. 사람들은 어떻게든 육체적·정신적인 고통을 피하려 한다. 근대라는 이

라몬 카사스, 〈퇴폐적인 청춘〉, 1899.

른바 진보의 시대는 과학기술의 발달로 고통 없는 삶이 미래에 실현될 것이라고 약속해 왔다. 이와 함께 고통은 부정적인 것으로만 평가되어 왔고, 사람들에게는 고통에 대한 일종의 만성적인 공포증이 생겼다. 공부나 훈련 역시 고통 없이 행해지는 즐거운 것이 되어야 한다. 이런 이유로 현대인은 불합리한 권위에 의해서 강요된 훈련뿐 아니라 스스로가 부과하는 합리적 훈련도 거부한다. 그러나 이러한 훈련이 없으면 삶은 혼란에 빠지고 중심을 잃게 된다.

어떠한 기술이든 습득을 위해서 필수적인 두 번째 요소는 정신 집중이다. 그러나 자신을 훈련하는 것 이상으로 정신 집중도 현대에서는 드문 현상에 속한다. 특히 현대 산업사회에서는 온 정신을 집중하여 일할 기회가 크게 줄어들었다. 이는 끝없는 컨베이어벨트 앞에 선 노동자나 온종일 단조로운 일을 해야 하는 사무원이 온 정신을 집중하여 그 일을 하려고 한다면 미쳐 버릴 수 있기 때문이다. 따라서 사람들은 일에 집중하지 않고, 일하면서 다른 생각을 하게 된다. 이와 함께 현대인들의 삶은 중심이 결여된 혼란스러운 모습을 보인다. 사람들은 책을 읽으면서 라디오에 귀를 기울이고, 이야기를 하면서 동시에 담배를 피우거나 먹고 마신다.

기술 습득에 필수적인 세 번째 요소는 인내다. 빠른 결과만을 바란다면 우리는 결코 기술을 배울 수 없다. 그러나 신속성을 중시하는 현대에서 인내는 중요한 덕으로 간주되지 않는다. 모든 기계가 신속하게 일을 처리하도록 만들어지는 것처럼, 현대인들은 일을 신속하게 처리하지 못할 때는 자신이 시간을 잃어버리고 있다고 생각한다. 그러나 이렇게 해서 얻은 시간조차 어떻게 사용해야 할지를 현대인들은 알지 못한다. 현대인들은 게으름을 피우면서 시간을 낭비할 뿐이다.

마지막으로 어떤 기술을 배울 수 있는 필수적인 조건은 기술 습득에 대한 '최대의 관심'이다. 그 기술이 별로 중요하지 않다고 생각한다면 견습공은 기술을 배우려 하지 않을 것이다. 그 경우 그는 기껏해야 딜레탕트dilettante로 남아 있을 것이며 결코 명장明匠이 되지 못할 것이다. 자신이 배우고자 하는 기술을 가장 중요하게 여기는 것은 다른 기술들과 마찬가지로 사랑의 기술에도 필요하다. 그러나 사람들은 다른 기술들과는 달리 사랑의 기술과 관련해서는 명장이 되는 것을 목표로 하지 않는다.

우리는 어떤 기술을 배울 때 우리의 삶 전체를 이 기술의 습득에 바치거나 적어도 이 기술과 관련시켜야 한다. 우리는 그 기술을 배우기 시작하기 전에 뒷받침이 되는 다른 많은 일을 배워야 하며 그 기술을 능숙하게 구사할 수 있는 상태에 이르기까지 훈련해야 한다. 목공 기술을 배우는 자는 나무를 깎는 법부터 배워야 하고, 동양의 궁술弓術을 배우려는 사람은 호흡법부터 배움으로써 활을 쏠 때 이외에도 항상 안정된 호흡을 견지해야 한다. 사랑의 기술에서 명장이 되려는 사람 역시 훈련, 정신 집중, 인내를 '실행'하는 것부터 시작해야 한다.

그러면 우리는 어떻게 훈련해야 하는가? 하루의 일정 시간을 명상, 독서, 음악 감상, 산보 등에 할당해야 하고, 가벼운 소설을 읽거나 영화를 보는 것과 같은 도피적 활동에 탐닉해서는 안 된다. 또한 과식하거나 과음해서는 안 된다. 그러나 중요한 것은 이러한 훈련을 외부에서 부과된 명령처럼 실행하지 않고 즐겁게 하는 것이다.

프롬은 사랑의 기술을 습득하기 위한 훈련으로 무엇보다

도 정신 집중과 깨어 있기의 훈련을 권고하고 있다.

1. 정신 집중

정신 집중을 배우기 위한 가장 중요한 훈련은 독서를 하거나 라디오를 듣거나 담배를 피우거나 술을 마시지 않고 홀로 있는 것을 배우는 것이다. 홀로 있으면서도 정신이 산만해지거나 우울해지지 않고 평온한 경우에만 우리는 정신을 집중할 수 있다.

정신을 집중할 수 있는 능력은 사랑할 수 있는 능력의 필수 불가결한 조건이다. 우리는 보통 홀로 있으면 충만감보다는 공허감과 불안감을 느낀다. 따라서 우리는 다른 사람들과의 관계를 통해서 그러한 공허감과 불안감에서 벗어나려고 하게 된다. 이 경우 우리는 다른 사람들이 우리를 공허감과 불안감에서 벗어나게 해 주리라 기대하게 된다. 그러나 그 다른 사람도 사실은 내가 자신을 공허감과 불안감에서 벗어나게 해 주리라 기대하는 것이 보통이다.

이렇게 상대방에게 주기보다는 상대방에게서 받으려고만

하기 때문에, 상대방에게 거는 기대는 얼마 지나지 않아 실망으로 끝나기 마련이다. 우리는 흔히 다른 사람들에게 기대하고 의지하려는 마음을 사랑이라고 착각한다. 그러나 그것은 사실 집착이다.

홀로 있으면서도 충만한 마음 상태로 있을 수 있는 사람이야말로 자신의 충만함을 다른 사람에게 나눠 줄 수 있는 사람이다. 따라서 홀로 있으면서도 충만한 마음을 유지할 수 있는 능력이야말로 남에게 기대하거나 의지하려 하지 않고 사랑을 줄 수 있는 첫 번째 조건이다. 홀로 편안히 존재하는 것은 타인들과 온전한 관계를 맺기 위한 필수적인 조건이고, 자기 자신의 소리에 귀를 기울일 수 있다는 것은 타인의 말에 귀를 기울일 수 있기 위한 선행 조건이다.

홀로 조용히 있는 것은 깊이 명상에 잠기기 위해서나 또는 원숙한 성격을 갖기 위해서도 불가결하다. 또한 자연의 아름다움과 위대함을 홀로 호젓하게 관조할 때 훌륭한 사상이나 작품의 토대가 되는 영감이 생겨날 수 있다. 생산적인 작업과 사고는 조용히 홀로 있을 수 있는 한에서만 가능하다.

그러나 홀로 있어 보려고 한 사람은 누구나 이것이 얼마나 어려운 일인지를 안다. 우리는 침착하지 못하고 조바심을 느끼며 심지어 상당한 불안까지 느끼게 된다. 프롬은 두세 가지의 매우 간단한 연습을 정신을 집중하기 위한 훈련으로 추천하고 있다. 이러한 훈련과 다음에 볼 '깨어 있기'는 불교의 명상법과 거의 동일하다. 정신 집중법은 불교 수행법에서 사마타samatha와 유사하고, 깨어 있기는 보통 마음 챙김이라고 번역되고 있는 위빠사나vipassanā와 유사하다.

프롬은 50대 때부터 서양에 선불교를 소개한 스즈키 다이세쓰와의 만남을 통해서 불교에 깊은 관심을 갖게 되었으며, 오랜 세월 매일 참선을 했다. 따라서 정신 집중과 깨어 있기에 관한 프롬의 사상은 불교의 수행법과 거의 동일하다.

프롬은 편안한 자세로 앉아 눈을 감고 눈앞에 있는 흰 스크린을 보려고 하면서 마음속에 떠오르는 온갖 상념에 관심을 두지 않고 오직 호흡에만 의식을 집중할 것을 권하고 있다. 이때 호흡에 대해서 생각하지도 않고, 그것을 자신의 의지에 따라서 조종하지도 않으며, 단지 호흡을 따라가면서 호흡을 느껴야 한다. 더 나아가 자신을 세계의 움직이지 않는 중심으로 느껴야 한다.

프롬은 이러한 훈련을 매일 아침 최소한 20분 동안 그리고 자기 전 20분 동안 행할 것을 권하고 있다. 물론 가능하면 더 길게 하면 좋다. 억지로 호흡을 하거나 호흡을 조절하려고 하지 말고 숨이 들어오고 나가는 것을 가만히 바라보아야 한다. 그렇게 숨 쉬는 것을 '자각하는' 것은 숨 쉬는 것에 대해 '생각하는' 것과 전혀 다른 것이다. 숨쉬기에 대해서 생각하자마자 우리는 숨 쉬는 행위를 자각할 수 없게 된다.

우리의 기분과 심정에 대해서도 동일하게 말할 수 있다. 만일 우리가 기쁨, 사랑, 슬픔, 두려움 혹은 증오심을 느끼고 있다는 사실을 자각한다면, 우리는 그러한 감정들에서 자유로울 수가 있다. 그러나 그것들에 대해서 생각하자마자 우리는 그러한 감정들에 휩싸여 생각에 생각을 거듭하게 된다. 이와 함께 그러한 감정과 열정의 노예로 전락하게 된다.

예를 들어 우리가 가만히 앉아서 호흡에 마음을 집중하게 될 때, 갑자기 기분 나빴던 과거의 일이 생각날 수 있다. 이 경우 우리는 자신에게서 그러한 생각이 일어나고 있다는 사실을 자각하면서 그러한 생각을 평정한 마음으로 관조할 수도 있다. 그러나 그러한 생각을 조용히 관조하지 못하고 그 것에 사로잡히게 되면 우리는 기분이 나빠지면서, 온갖 생 각이 꼬리에 꼬리를 물고 이어지게 된다. 곧 당시에 우리를 기분 나쁘게 했던 사람에게 어떻게 하면 복수할 수 있을까 등등의 생각이 걷잡을 수 없이 커지는 것이다.

호흡에 집중한다는 것도 호흡을 어떻게 하면 잘할 것인가 라고 생각하는 것이 아니라 숨이 들고 나는 것을 아무런 생 각 없이 관조하는 것이다. 이렇게 관조를 하다 보면, 평소에 는 경험하지 못했던 평정과 충만함이 마음에 깃들게 된다.

이러한 연습 외에도 우리는 모든 일, 즉 음악 감상, 독서, 어떤 사람과의 대화, 경치를 구경하는 일 등에 대한 집중을 훈련해야 한다. 지금, 이 순간에 하고 있는 활동이 유일하게 중요한 일이 되어야 한다. 정신을 집중한다는 것은 전적으 로 '지금 여기에' 살고 있다는 것을 의미한다. 이 경우 지금 '무엇'을 하고 있느냐는 중요하지 않다. 평소에는 중요하지 않은 일이라고 생각되었던 것도 우리가 그것에 집중하게 되 면 경이로운 것으로 나타난다.

다른 사람과의 관계에서 정신을 집중한다는 것은 일차적

으로는 다른 사람의 말을 경청한다는 것이다. 우리는 보통 다른 사람의 이야기에 진지하게 귀를 기울이지 않으면서도 심지어 충고를 하기까지 한다. 우리가 쉽게 집중하시 못하는 이유 중의 하나는, 정신 집중을 매우 힘든 일이라고 생각하면서 정신을 집중하게 되면 곧 지쳐 버리리라 생각하기 때문이다. 그러나 사실은 그 정반대다. 집중력이 떨어지면 얼마 안 가 피곤해지지만, 집중하면 깨어난다.

2. 깨어 있기

정신을 집중하기 위해서는 자신에 대해서 항상 깨어 있고 '민감하지' 않으면 안 되며, 자신의 내면을 조심스럽게 살펴봐야만 한다.

> "피곤한 느낌이나 우울한 느낌이 있을 때, 우울한 생각으로 우울한 기분을 더 부채질하는 것이 아니라 자신이 우울해 있다는 사태를 주시하면서 '왜 나는 우울한가?'라고 물어야 한다. 조바심이 난다거나 화가 난다거나 백일몽

에 잠긴다거나 그 밖의 도피적 행동을 할 경우에도 마찬가지이다. 이런 때에 중요한 것은 그것들의 움직임을 알아차리면서, 그것들을 어떠한 방식으로도 합리화하지 않는 것이다."

우리는 보통 자신의 신체 상태에는 민감하게 깨어 있어서, 신체에서 일어나는 작은 고통도 쉽게 알아차린다. 이는 우리가 건강한 신체적 상태가 어떠한 상태인지를 잘 알고 있기 때문이다. 그러나 우리는 정신에 대해서는 신체의 경우와 동일한 정도로 민감하지 않다. 이는 우리가 가장 바람직한 정신 상태를 유지하는 사람을 대체로 만난 적이 없기 때문이다.

우리는 자연스럽게 자신의 부모나 형제자매, 친구들이나 동료들, 그리고 일반적인 사람들의 정신 상태를 기준으로 생각한다. 그리고 자신이 이들과 다르지 않기 때문에 정상이라고 생각한다. 우리는 진정으로 사랑하는 사람, 성실한 사람, 용기 있는 사람, 매사에 정신을 집중하고 있는 사람을 한 번도 보지 못할 수도 있다.

프롬은 은폐되지 않은 것뿐 아니라 은폐되고 억압된 것까지 지각해야 한다고 말한다. 은폐된 것에 대해서 자각하게 된다는 것은 무의식적인 것, 우리의 의식이 억압한 것을 의식하게 된다는 것과 동일하다. 이런 의미에서 우리는 그러한 자각을 폭로하는 자각이라고 할 수도 있을 것이다. 우리는 무의식 속에서 억압된 것을 자각함으로써 우리를 무의식 속에서 지배하던 힘에서 벗어날 수 있게 된다. 우리는 과거에 입은 정신적 상처를 무의식 속으로 밀어 넣어 둘 수 있지만, 그러한 상처가 우리의 생각과 행동을 지배할 수도 있다. 이런 상태에서 벗어나기 위해서는 그러한 상처를 자각해야만 한다. 그리고 그것을 자각하면서도 그러한 상처에 흔들리지 않는 마음의 상태를 육성해야 한다.

자각하는 능력이 부족할수록 우리는 방향감각을 상실하면서 불안해진다. 예를 들어 열등감과 증오와 같은 열정에 의해서 지배되거나 사회적으로 주입된 이데올로기적인 환상에 의해서 지배된다. 이 경우 우리는 이성적인 성찰을 포기하고, 의지할 수 있는 우상을 찾게 된다. 그러나 이성의 자각하는 능력이 충분히 성숙하게 되면, 그동안 자각하지 못하는 가운데 우리를 지배하던 요소들이 명료하게 드러나게 된다. 그리고 이성은 그것들을 통제할 수 있게 된다. 예측할 수 없고 통제할 수 없었던 무의식적인 요소들이 감소하면서 이성은 더욱 큰 자율성과 안정성을 갖게 되는 것이다.

우리에게는 의식적이고 공식적인 인생 행로와 무의식적이지만 우리의 삶을 실질적으로 지배하는 비밀스러운 인생 행로가 존재한다. 대부분의 사람에게 의식적이고 공식적인 인생 행로는 비밀스러운 인생 행로를 은폐하는 가면이기가 쉽다. 예를 들어 우리는 의식적으로는 모든 사람을 사랑하는 자애로운 사람인 것처럼 보이고 싶어 한다. 그러나 무의식적으로는 사실 자신의 이익만을 생각하고 있을 수 있다. 우리가 사람들에게 다정하게 대할 때, 이러한 태도의 이면에는 자기도취가 작용하고 있을 수 있다. 자신은 이렇듯 사람들에게 다정하게 대하는 친절한 사람이라고 생각하는 것이다. 남들을 잘 도와주는 태도에는 남들에게 영향력을 행사하고 싶어 하는 사디즘적 속성이 작용하고 있을 수 있다.

우리는 거짓말하는 줄도 모르고 '거짓말'을 하고, 다른 국가나 사람들에 대한 공격을 '방어'라고 강변하고, 불합리한 권위에 대한 복종을 '의무'라고 생각하며, 그러한 권위에 대한 불순종을 '죄악'이라고 생각할 수 있다. 부모들이 본능적으로 자기 자식을 사랑한다는 생각은 하나의 신화일 수 있다. 찬양할 만한 인간적 자질을 바탕으로 명성이 얻어진 경우는 드물고 심지어 실제의 업적을 바탕으로 이루어진 명성도 흔하지 않다. 역사란 승리한 자들에 의해서 쓰였기 때문에 왜곡된 기록이다.

사랑한다는 말은 강렬한 갈망과 탐욕의 표현인 경우가 많다. 우리는 자신의 못된 의도와 행동을 합리화하고 그것들을 고상하고 유익한 것처럼 보이게 하려고 애쓴다. 우리는 진실과 정의와 사랑의 이름을 내세우지만, 그 이면에는 그것들을 미명으로 하여 권력을 장악하려는 사악한 의도가 숨어 있을 수 있다. 현대 자본주의 사회에서 모든 기업은 소비자들에 대한 사랑과 존중을 내세우지만, 그 이면에서 실질적으로 작용하고 있는 것은 이기심과 소유욕 그리고 소비욕이다.

비밀스러운 인생 행로와 의식적인 인생 행로 사이의 불일치는 많은 고대 그리스극에서 나타난다. 고대 그리스극에서

'비밀스러운 인생 행로'는 '운명moira'이라는 형태로 표현되고 있다. 이 경우 운명은 인간의 내부에 숨어서 그의 삶을 결정하는 무의식적인 인생 행로를 상징적으로 표현한 것이다. 프롬은 이러한 사실을 보여 주는 대표적인 예로서 오이디푸스의 삶을 들고 있다. 오이디푸스의 비밀스러운 인생 행로는 아버지를 죽이고 어머니와 결혼하는 것이고, 그가 의식적으로 의도하는 인생 행로는 어떤 일이 있어도 그러한 범죄를 피하는 것이다. 그러나 비밀스러운 인생 행로가 실질적으로 그를 지배하기 때문에, 그는 자신이 무엇을 하는지 의식하지 못한 채 비밀스러운 인생 행로에 따라 살게 된다.

의식적인 인생 행로와 무의식적인 인생 행로 사이에 존재하는 불일치의 정도는 사람마다 다르다. 하나의 극단에는 자신과 완전히 하나가 되어 아무것도 은폐하고 억누를 필요가 없을 만큼 성숙했기에 비밀스러운 인생 행로가 전혀 존재하지 않는 사람들이 있다. 이들은 자신의 무의식 속에 존재하는 이기적이고 병적인 욕망들이나 감정들을 철저하게 자각하고 있어서 그것들에 의해서 지배되지 않는다. 다른 극단에 있는 사람들에게도 아무런 무의식적인 행로가 존재하지 않는다. 그러나 이 경우 그들은 '더 나은 자기'인 척해 보이려고 노력할 필요를 느끼지조차 않을 정도로 무의식 속의 사악한 자기와 동일하게 된 사람들이다.

전자는 '의로운 사람', '깨인 사람'이라고 불린다. 후자는 심각하게 병들어 버린 사람이다. 우리는 보통 이 양극단 사이에 존재한다. 두 인생 행로 사이에 큰 차이가 존재하는 사람들에게서는 심각한 내적인 갈등, 불안, 의심, 에너지의 낭비가 생기게 되고, 그 결과 많은 병적인 증세들이 나타나게 된다. 그들은 자신의 내적 모순을 은폐하기 위해서 그리고 자신의 정체성에 대한 깊은 의심과 자신의 거짓됨과 불성실성에 대한 어렴풋한 자각을 억누르기 위해서 굉장한 에너지를 사용해야만 한다. 따라서 많은 병적인 증세가 나타나는 것은 불가피하다.

우리는 자신의 탐욕, 증오, 두려움, 환상, 소유욕, 자기도취, 파괴성, 사디즘, 마조히즘, 부정직, 무관심, 남성에게 존재하기 쉬운 가부장적 지배욕, 거기에 상응하는 여성의 굴종 성향 등을 자각하고 그것과 대결하지 않으면 안 된다. 우리는 이러한 나쁜 성향들이 우리를 어떻게 무의식적으로 지배하는지 그리고 우리가 그것들을 어떤 식으로 합리화하는지를 냉철하게 성찰해야 한다.

우리는 자신을 생각할 수 있는 가장 악한 자로 상상할 수 있을 때만 자신의 가면을 벗어 버리고 자신이 누구인지를 자각할 수 있다. 우리가 자신과 사회의 무의식적인 측면들을 철저하게 분석하지 않는 한, 우리는 자신이 누구인지 알 수 없다. 이러한 자기 성찰을 통해 우리는 우리를 무의식 속에서 움직이는 부정적인 요소들로부터 정화된다. 따라서 그러한 자기 성찰은 쉽지 않지만, 궁극적으로는 우리에게 내적인 투명성과 행복을 가져다준다.

우리는 보통 반쯤 깨어 있거나 부분적으로 깨어 있는 상태로 생활한다. 우리는 어느 한 가지 일에 정신을 집중하여 몰두하기보다는 반은 무의식적으로 그 일을 처리한다. 그리고 우리는 자신의 중대한 이해관계가 걸린 일에는 주의 깊게 깨어 있지만, 그렇지 않은 일들에 대해서는 전혀 깨어 있지 않은 경우가 많다. 예를 들어 도박에서 돈을 딸 기회를 얻어서 신이 난 남성은 자신의 도박중독에 대한 부인의 고민을 전혀 알아차리지 못한다.

이렇게 반쯤 혹은 부분적으로 깨어 있는 상태는 총체적으로 깨어 있는 상태와는 다르다. 총체적으로 깨어 있다는 것은 자신이 중요하다고 생각하는 목적을 달성하기 위해 주의해야 할 것들을 알아차리는 것만을 의미하지 않는다. 그것은 자기 자신과 자신을 둘러싼 세계(사람들과 자연)에 대해서도 또렷하게 알아차리는 것을 의미하며, 모든 것의 겉과 속을 냉철하게 함께 보게 되는 것이다. 이 경우 그전에는 사소하고 자명한 것으로 무시되었던 모든 것이 깊은 의미를 갖는 것으로 변하게 된다. 우리가 모르는 중에 마치 어떤 베일이 우리의 눈앞에 드리워져 있다가 갑자기 치워진 것 같은 느낌이 들게 된다.

이렇게 총체적으로 깨어 있는 상태에서만 사람들 사이의 진정한 사랑이 가능하다. 이 경우 사람들은 서로를 있는 그대로 본다. 거기에는 아무런 장벽도 안개도 없다.

3. 나르시시즘과 이기주의의 극복으로서의 사랑

참된 사랑을 성취하기 위한 중요한 조건은 '자기도취', 즉 나르시시즘을 '극복하는' 것이다. 나르시시즘은 모든 관심과 정열이 자신에게만 향해 있는 심리 상태다. 나르시시스트는 자신의 육체·정신·감정·이익 등에만 관심을 갖기 때문에, 자신과 자신에게 관련된 것만을 현실로 여긴다. 따라서 그는 외부의 것이 자신에게 영향을 미칠 때만 그것을 의식한다. 그는 다른 사람들과 사물들을 피상적으로 지각하고 이해하는 데 그칠 뿐 그것들과 교감할 수 없다. 따라서 그에게는 사랑도, 동정도, 합리적이고 객관적인 판단력도 없다. 그에게는 자신이 전부이며 세상은 아무것도 아니다. 아니 차라리 그 자신이 세계 전체라고 말하는 것이 좋을 것이다.

프롬은 나르시시즘의 극단적인 예로서 갓난아기와 미친 사람을 들고 있다. 이들은 세계와 관계할 능력이 없다. 그러나 흔히 정상적인 인간들도 정도의 차이는 있겠지만 나르시시스트일 수 있다. 다만 많은 사람이 자신의 나르시시즘을 감추려고 할 뿐이다. 이는 다른 사람들에게 겸손하게 군다든가, 또는 남들이 칭송하는 종교적인 일이나 정치적인 일을 위해서 자신을 희생하는 것처럼 보이게 하는 방식으로 행해진다.

자기도취와 정반대되는 것이 객관성이다. 이것은 사람들과 사물을 '있는 그대로' 객관적으로 보는 능력이고, 대상 자체를 자신의 욕망과 공포가 만들어 낸 허구적인 상으로부터 분리시킬 수 있는 능력이다. 온갖 형태의 정신병자들은 이러한 객관적 능력을 전혀 갖지 못하는 사람들이다. 미친 사람들에게 유일한 현실은 자신의 내면에 존재하는 현실뿐이며 자신의 공포와 욕망이 만들어 낸 환상뿐이다. 그에게 외부세계는 자신의 내면세계의 투영일 뿐이다. 정상적인 인간들도 꿈을 꿀 때는 마찬가지이다. 꿈속에서 우리는 우리들의 소망과 공포에 따라서 사건을 만들어 낸다. 그리고 우리는 그러한 사건을 현실이라고 착각하는 것이다.

미친 사람이나 몽상가는 외부세계를 객관적으로 파악하는 데 '완전히' 실패한 사람이지만, 정상적인 인간들 역시 모두 다소간은 정신이상에 걸려 있고 다소간은 잠들어 있다. 우리는 자신의 이해관계에 따라서 다른 사람들을 파악한다. 예를 들면, 많은 부모가 자녀들이 무엇을 느끼는지에 대해 깨닫거나 관심을 갖는 대신에, 아이가 자신에게 순종하고 있는지 아닌지 등의 관점에서만 아이의 반응을 경험한다.

우리는 특히 외국인과 관계할 때 객관성을 상실하기 쉽다. 우리는 자기 민족은 모든 면에서 고상하고 선량하지만 다른 민족은 비열하고 잔인하다고 생각한다. 민족 간의, 개인 간의 관계를 검토할 때 객관성은 오히려 예외적인 현상이다. 다소간의 정도 차이는 있지만 사람들은 통상적으로 자기도취에 빠져 사태를 왜곡하기 쉽다.

객관적으로 사고하는 능력을 우리는 보통 '이성'이라고 부른다. 이성이 객관적으로 사고하고 있을 때, 그 배후에 있는 정서적 태도는 겸손이다. 객관적이라는 것, 곧 자신의 이성을 사용하는 것은 우리가 겸손한 태도를 갖게 되었을 때만 가능한 것이다. 이는 우리가 유아기에 빠져 있는 자기도취 상태에서 벗어나는 것을 의미한다.

사랑의 기술과 관련해서 이러한 사실이 의미하는 것은 사랑은 자기도취의 극복, 겸손, 객관성, 이성의 발달을 요구한다는 것이다. 우리가 이방인에게 객관적일 수 없다면, 자신의 가족에 대해서도 객관적일 수 없고 자신의 가족을 제대로 사랑할 수 없다. 우리는 모든 상황에서 객관적인 태도를 취하려고 노력하면서 자신이 혹시라도 객관성을 잃고 있는 것은 아닌지를 민감하게 알아차려야 한다. 이러한 민감성은 우리 자신이 항상 깨어 있을 것을, 다시 말해 항상 활력에 차 있을 것을 요구한다.

다른 사람을 사랑하기 위해서는 나르시시즘 외에 소유 지향적인 성향, 즉 이기주의도 극복해야 한다. 이기주의는 나르시시즘과 유사하면서도 상당히 다르다.

이기주의는 자신의 소유물을 어떻게든 증대하려는 성향을 가리킨다. 이렇게 소유 지향적으로 살아가는 사람은 반드시 나르시시즘적이지는 않다. 그는 자신의 나르시시즘의 껍질을 부수고 나왔을 수도 있고, 외부 현실에 대해 적절한 통찰력을 가지고 있을 수도 있다. 그럼에도 불구하고 그는 남들에게 베풀고 남들과 함께 나누며 남들과 협동하고 사랑하는 데서 즐거움을 느끼지 못한다. 그는 자신 안에 갇혀 있으며 다른 사람을 의심하고 남에게 베푸는 것을 싫어한다. 그는 외롭고, 다른 사람들과 관계하지 않으며, 그의 모든 관심은 가능한 많이 소유하고 소유한 것을 안전하게 간직하는 데에 향해 있다.

반면에 나르시시스트는 반드시 이기적이거나 소유 지향

적이지는 않다. 오히려 그는 베푸는 것을 좋아하고 다정할 수도 있다. 이를 통해 그는 자신이 선한 사람이라는 확신을 갖고 싶어 하고 또한 다른 사람들로부터 그런 찬양을 듣고 싶어 한다.

그러나 나르시시즘과 이기주의가 완전히 나뉘어 있는 경우는 매우 드물다. 따라서 우리는 이 두 가지를 극복할 경우에만 성장할 수 있다.

이기주의를 극복하기 위한 첫 번째 조건은 자신 안에 존재하는 이기주의적인 성향을 자각하는 것이다. 이것은 나르시시스트가 자신의 나르시시즘을 깨닫는 것보다 쉽다. 이기주의자의 경우 판단력은 훨씬 덜 뒤틀려 있어서 자신을 쉽게 합리화하거나 미화할 수 없기 때문이다.

이기주의를 극복하기 위한 두 번째 조건은 자신이 소유 지향적 삶을 살게 되는 근본적인 원인을 깨닫는 것이다. 예를 들면 자신이 삶의 불확실성을 두려워하고 다른 사람들을 불신하기 때문에 자신도 모르게 소유에 집착한다는 사실을 자각해야 한다. 요새 우리나라에서는 각자도생各自圖生이라는 말이 유행이지만, 이는 국가든 뭐든 다른 것은 믿을 수 없고 믿을 것은 오직 자신뿐이라는 말이다. 이렇게 자기 이외의 모든 것을 믿지 못하는 것이 우리로 하여금 소유에 집착하게 만든다.

그다음에는 실제 행동이 뒤따라야 한다. 무엇인가를 포기하고 나누어 주어야 하며, 그동안 자신을 지탱해 준다고 믿었던 물건들을 조금이라도 잃게 될 때 생기는 불안을 견뎌야 한다. 더 나아가 어떤 소유물을 포기하는 것을 넘어서, 자신의 지위, 다른 사람들이 자신에 대해서 가져 주기를 바라는 이미지까지도 버려야 한다. 이러한 과정에서 우리는 소유에서 느껴 보지 못한 기쁨과 행복을 느낄 수 있게 된다.

이러한 과정이 심화하게 되면, 자신의 정체성을 전적으로 다르게 의식하게 된다. 소유 지향적인 삶을 살 때 우리는 '나의 가치는 나의 소유물에 의해서 결정된다'라고 생각했지만, 이제 우리는 '나의 가치는 나의 행위에 의해서 결정된다'고 생각하게 되거나 단순히 '나는 나다'라고 생각하게 된다.

프롬은 이기주의를 극복하고 사랑을 실천하기 위한 세 번째 조건으로서 자신과 타인들에 대한 믿음을 들고 있다. 우리는 자신과 타인들이 사랑할 수 있고 사랑을 불러일으킬 수 있는 능력을 갖고 있음을 확신하지 않으면 안 된다. 이러한 믿음은 궁극적으로는 '인류'에 대한 믿음이다. 서양에서 이러한 믿음은 유대교와 그리스도교와 같은 종교들을 통해 표현되었고 세속적으로는 지난 150년 동안 인본주의적인 정치사상과 사회사상에 의해 강력히 표현되었다.

이러한 신앙의 바탕을 이루고 있는 것은 적절한 조건만 주어지면 우리는 평등, 정의, 사랑의 원칙이 지배하는 사회질서를 수립할 수 있다는 사상이다. 인간은 아직도 이러한 질서를 수립하지 못했다. 따라서 인간이 이러한 질서를 수립할 수 있다는 믿음이 필요하다.

그러나 모든 합리적 신앙과 마찬가지로 이러한 믿음도 단순히 소망에 지나지 않는 믿음이 아니다. 그것은 인류가 과거에 성취해 온 것을 증거로 삼고 있으며, 각 개인의 이성과 사랑의 능력에 대한 내면적 경험에 바탕을 두고 있다. 이러한 믿음을 가지려면 위험을 무릅쓰고 다른 사람들과 관계하면서 고통과 실망조차도 받아들이는 용기가 필요하다. 안전과 안정에만 집착하는 자는 누구든지 그러한 믿음을 가질 수 없다. 소유를 자신의 안전책으로 삼으면서 자신 속에 칩

거하는 자는 자신을 다른 사람들로부터 차단된 감옥에 갇힌 죄수로 만든다. 사랑받고 사랑하려면 다른 사람들에게 자신을 열고 그들과 함께 나누는 것에 모든 것을 거는 용기가 필요하다.

믿음과 용기의 훈련은 일상생활의 사소한 일에서부터 시작되어야만 한다. 첫 단계에서는 우리가 언제 어디서 믿음을 상실하는가에 주목하면서 믿음의 상실을 은폐하는 데 이용되는 합리화를 간파해야 한다. 다시 말해 우리가 언제 비겁한 태도로 행동하는가 또한 어떻게 비겁한 행동을 합리화하는가를 인식해야 한다.

자신과 타인들에 대한 믿음을 갖지 못하게 되면 우리는 약해지며, 약해지면 점점 더 그러한 믿음을 갖지 못하게 된다. 이러한 악순환은 계속된다. 이러한 사실을 인식하게 되면, 우리가 사랑받지 못할까 봐 두려워하고 있을 때조차 우리가 무의식 속에서 진정으로 두려워하는 것은 자신이 남들을 사랑하는 것이라는 사실을 깨닫게 된다. 사랑한다는 것은 자신의 사랑이 사랑받는 사람에게서 사랑을 불러일으키리라는 믿음에 완전히 자신을 맡기는 것을 의미한다. 사랑은 이러한 믿음의 작용이다. 믿음을 갖지 못하는 자는 사랑하지 못한다.

물론 삶과 자기 자신 그리고 다른 인간들에 대한 믿음은 냉철한 통찰이라는 단단한 토대 위에 세워져야만 한다. 다시 말하면 그것은 이기심, 자기도취, 사디즘, 마조히즘, 파괴성 등이 분명하게 드러나 있을 때뿐만 아니라 미화되고 합리화되어 나타났을 경우에도 그것들을 꿰뚫어 볼 수 있는 능력 위에 세워져야 한다. 우리는 개인들과 집단들 속에 존재하는 추악함과 사악함에 눈을 감고 인간의 풍요로운 가능성만을 믿는 '순진한' 사람이 되어서는 안 된다. 이렇게 순진한 사람들은 결국 인간들에 대해 심한 실망감에 빠질 수밖에 없고 우울증에 빠질 수밖에 없을 것이다.

마이스터 에크하르트가 예수가 가르쳤던 '단순한 자'에 대해 '그는 속이지 않지만 속지도 않는 자'라고 말했을 때, 그는 이러한 사실을 간결하면서도 명료하게 표현한 것이다. 그러한 자는 다른 사람을 속이지 않고 사랑하는 사람이지만, 그렇다고 해서 다른 사람의 기만과 술책을 꿰뚫어 보지 못하는 바보 같은 사람은 아니다. 우리는 사람들이 보여 주는 다

피에르 오귀스트 르누아르, 〈물랭 드 라 갈레트의 무도회〉, 1876.

정함이란 가면 뒤에 가려진 불성실성, 불행에 대해 끝없이 하소연하는 사람의 가면 뒤에 가려진 파괴성, 매력적인 모습 뒤에 가려진 자기도취를 꿰뚫어 볼 줄 알아야 한다.

6장
프롬의 행복관

1. 아리스토텔레스의 행복관

1) 프롬과 아리스토텔레스의 행복관

사랑에 대한 프롬의 견해는 행복에 대한 프롬의 견해와 밀접한 관계에 있다. 우리는 보통 진정한 사랑이란 자신을 돌보지 않는 희생의 성격을 갖는다고 생각한다. 그러나 우리는 앞에서 자기애에 대해 살펴보면서 자기애와 타인에 대한 사랑이 모순되는 것이 아니라는 사실을 보았다. 오히려 자신을 사랑할 줄 아는 사람만이, 그리하여 참으로 행복한 사람만이 남들도 제대로 사랑할 수 있는 것이다.

이렇게 사랑과 행복이 밀접하게 연관되어 있기 때문에, 행복에 대한 프롬의 사상을 살펴봄으로써 우리는 사랑에 대한 프롬의 사상을 보다 깊이 이해할 수 있다. 여기서는 프롬의 행복관을 아리스토텔레스의 행복관과 비교하면서 살펴보려고 한다. 두 사상가의 행복관을 비교하는 것은 프롬의 행복론이 아리스토텔레스의 행복론과 매우 유사하기 때문에 양자가 서로 보완할 수 있다고 보기 때문이다.

아리스토텔레스도 프롬과 마찬가지로 자신을 사랑하고 스스로 행복할 줄 아는 사람만이 타인을 사랑하면서 행복하게 할 수 있다고 보았다. 이렇게 두 철학자의 행복관이 크게 유사한 것은 두 사람의 인간관이 매우 유사하기 때문이다. 앞에서 말했지만 철학의 모든 문제는 결국 '인간이란 무엇인가'라는 문제로 귀착된다. 따라서 두 사상가의 인간관이 유사할 때는 행복이나 사랑에 대한 두 사상가의 견해도 서로 유사해질 수밖에 없다.

아리스토텔레스도 프롬도 인간이 실현해야 할 이상적인 본질이 있다고 본다. 그리고 이러한 이상적인 본질을 실현하지 못하는 한, 인간은 자신의 삶에 대해 불만과 불행을 느낄 수밖에 없다고 본다. 아리스토텔레스와 프롬의 이러한 인간관과 행복관은 현대인들의 인간관과 행복관과는 크게 다르다. 현대인들은 인간이 실현해야 할 이성적인 본질은 없으며 행복은 우리가 순간순간 느끼는 감각적 쾌락에 불과하다고 본다.

2) 감각적 쾌락주의의 문제성

현대인들의 행복관을 우리는 감각적 쾌락주의라고 부를 수 있다. 그런데 감각적인 쾌락주의는 다음과 같은 문제점들을 갖는다.

첫째로 행복을 감각적 쾌락과 동일시할 때, 우리는 감각적 욕망을 충족시켜 주는 물질에 의존하게 된다. 따라서 현대인들은 물질적 결핍에서 벗어나 전대미문의 물질적 풍요를 누리게 되었지만, 물질에 크게 의존하게 되었다. 서양 중세 시대의 사람들이 신에게서 안전과 행복을 구하려고 했다면, 현대인들은 신 대신에 인간 자신이 만들어 낸 물건들을 통해서 안전과 행복을 구한다. 그리고 화폐야말로 이러한 물건들을 구매할 힘을 제공하기 때문에 사람들은 화폐를 신처럼 숭배하게 된다. 이런 의미에서 감각적 쾌락주의는 황금만능주의와 물신숭배와 통한다.

둘째로 감각적 쾌락을 좇는 사람들은 항상 불안해할 수밖에 없다. 그들은 외관상으로는 자신의 욕망에 따라서 자유롭게 사는 것처럼 보인다. 그러나 그들의 행복은 외부로부터 오는 감각적인 자극에서 생기기 때문에, 그들은 외부 조건이 자신에게 불리하게 변할까 봐 항상 불안해할 수밖에 없다.

셋째로 행복을 감각적 쾌락에서 찾는 사람들은 다른 인간들이나 사물들을 자신의 감각적 쾌락을 위한 수단으로밖에 보지 못하게 된다. 따라서 감각적 쾌락주의에 빠진 사람들은 다른 인간들이나 사물들과 깊은 관계를 맺을 수 없게 된다. 이런 사람들로 이루어진 사회는 감각적 욕망을 충족시키는 물건들을 둘러싼 투쟁의 장이 된다.

넷째로 감각적 쾌락주의에 빠진 삶의 본질을 우리는 쇼펜하우어의 말을 빌려서 '욕망과 권태 사이에서 오락가락하는 시계추와 같은 삶'이라고 부를 수 있다. 감각적 욕망이 충족되지 못하면 사람들은 고통스러워하지만, 이러한 욕망이 충족되고 나면 얼마 안 가 권태에 빠지게 된다. 이러한 권태는 우리가 새로운 욕망에 사로잡힐 때까지 계속된다. 그리고 이러한 새로운 욕망이 충족되지 않으면 우리는 다시 고통에 사로잡힌다. 그러나 그 욕망이 충족되면 우리는 다시 권태에 사로잡히게 된다.

쇼펜하우어는 욕망과 권태 사이에서 시계추처럼 오락가락하는 것을 인생 일반의 본질이라고 보았지만, 그것은 사실 감각적 쾌락주의에 빠진 삶의 본질이라고 할 수 있다. 쇼펜하우어가 그것을 인생 일반의 본질이라고 본 것은 사람들이 흔히 행복을 감각적 쾌락과 동일시하기 때문이다. 감각적 쾌락주의에 빠진 사람은 물질이 풍족하지 않으면 궁핍으로 인해 괴로워하고, 물질이 풍족하면 권태로 인해 고통을 느끼게 된다.

다섯째로 감각적 쾌락주의의 귀결은 우울이다. 감각적 쾌락주의에서 이성 내지 정신은 감각적 욕망의 도구로 전락해 있다. 그것은 우리가 매력적인 이성을 유혹하거나 감각적 욕망을 충족시켜 줄 재화들을 소유하기 위한 도구적인 이성으로 전락해 있는 것이다. 그러나 우리 인간에게는 감각적

에드바르 뭉크, 〈우울〉, 1894-1896.

욕망에 대한 탐닉을 벗어나 보다 높은 삶을 살고 싶어 하는 정신적 성향이 존재한다.

정신이 이러한 성향을 실현하지 못하고 감각적 욕망을 실현하는 도구로 전락해 있을 때, 정신은 자신도 모르게 자신에 대한 불만족에 사로잡히게 된다. 이러한 불만족은 많은 경우 우울로 나타난다. 키르케고르는 이런 의미에서 '우울이란 한갓 감각의 수단으로 영락해 버린 정신이 자신의 비참한 처지에 대해서 짜증을 내는 정신의 히스테리다'라고 말하고 있다.

3) 아리스토텔레스의 행복관

현대인들은 사랑을 수동적인 감정으로 생각하는 것과 마찬가지로 행복도 수동적인 감정으로 생각한다. 즉 현대인들은 사랑이란 감정을 매력적인 사람을 만나면 저절로 생기는 것으로 생각하는 것처럼, 행복도 감각적인 쾌감을 주는 것들에 의해서 수동적으로 주어진다고 생각한다. 따라서 현대인들이 행복하기 위해서 들이는 노력은 감각적인 쾌감을 주는 것들을 확보할 재화를 얻기 위한 노력이 된다. 현대인들은 사랑과 마찬가지로 행복도 그것을 누리기 위한 특별한 노력이나 기술이 필요하지 않으며, 사회적으로 성공하고 부와 명성과 권력을 갖게 되면 자연히 따라온다고 생각하는 것이다.

그러나 프롬은 인간은 부나 명성이나 권력을 통해서 행복해지는 것이 아니라 자신의 이성적인 능력을 온전히 전개할 경우에만 행복해질 수 있다고 생각한다. 프롬과 마찬가지로 아리스토텔레스도 '인간이 자신의 이성적인 능력을 발휘하는 행동과 그것에 수반되는 만족감'만이 진정으로 인간에게 좋은 것이라고 생각한다. 그렇지 않은 쾌락은 일시적으로는 좋은 것으로 느껴질지 모르지만, 인간에게 파괴적으로 작용한다는 것이다.

아리스토텔레스는 인간을 비롯한 모든 사물은 자신에게 부여된 본질을 구현하는 것을 목표하며 그러한 본질을 구현할 때 행복을 느낀다고 본다. 아리스토텔레스는 닭은 닭답게, 소는 소답게 사는 것이 그들에게 가장 행복한 것처럼, 인간은 인간답게 사는 것이 가장 행복하다고 보는 것이다.

닭은 넓은 마당에서 뛰어놀면서 살 때 행복할 것이다. 그러나 오늘날 닭은 비좁은 공간에서 사육되면서 달걀을 낳는 기계로 살고 있다. 소 역시 마찬가지다. 소는 넓은 목초지에서 풀을 뜯어 먹고 살 때 행복할 것이다. 그러나 오늘날 소역시, 소가 활동을 하면 근육이 생겨 맛이 떨어진다는 이유로 비좁은 공간에서 움직일 수 없게 사육되고 있다.

아리스토텔레스는 이성이야말로 인간과 동물을 구별하는 것으로서 인간의 본질을 형성한다고 본다. 따라서 아리스토텔레스는 인간이 자신의 이성적 능력을 발휘하여 지혜를 비롯한 용기나 긍지와 같은 이성적인 덕들을 실현할 때 진정한 행복을 느낄 수 있다고 본다.

아리스토텔레스에게서 본질은 개체들이 실현해야 할 어떤 이상적인 형태를 가리킨다. 따라서 아리스토텔레스가 말하는 본질은 우리가 눈앞에 있는 사물들로부터 공통된 특성들을 단순히 추상함으로써 파악할 수 있는 것이 아니다. 예를 들어 우리가 보는 모든 말이 병들어 있다고 해 보자. 이경우 우리가 경험적으로 확인할 수 있는 보편적인 성질, 즉병들어 있다는 것이 아리스토텔레스가 말하는 말의 본질을 형성할 수는 없다. 아울러 모든 사람이 이성을 상실하고 광기에 휩싸여 있는 상태라고 하더라도 인간의 본질은 이성을 구현하는 데 있다.

다시 말해서 어떤 사물의 본질을 안다는 것은 그러한 본질을 온전히 구현하고 있는 좋은 사례와 그렇지 않은 사례를 구별할 줄 안다는 것이다. 본질이 존재자들이 구현해야 할 이상적인 상태를 가리키는 한, 그것은 어떤 존재자에게 처음부터 완성된 형태로 존재하지는 않는다. 그것은 잠재적인 상태에서부터 완성된 상태로 실현되어 간다.

예를 들어 인간은 이성을 본질로 갖지만, 이러한 이성은 인간이 태어나면서부터 완전한 상태로 실현되어 있는 것이 아니라 다만 잠재적인 상태로 존재할 뿐이다. 인간은 성장하면서 자신의 이성적인 능력을 실현해 나가지만 사람들마다 그것을 실현하는 정도는 다 다르다. 이성을 완전하게 실현하면 할수록 인간다운 인간이 되며, 그렇지 못할 경우에는 인간답지 않은 인간이 된다.

인간은 혼자 살 수 없으며, 항상 다른 인간들이나 사물들과 관계하면서 산다. 인간이 이성을 실현한다는 것은 다른 인간들이나 사물들을 이성적으로 사유하는 동시에 그것들과 이성적으로 관계한다는 것을 의미한다. 그러나 이러한 이성의 실현은 어쩌다가 한 번 일어나는 것이어서는 안 되고 습관이 되어야 한다. 이렇게 이성이 온전히 실현된 상태를 아리스토텔레스는 '덕'이라고 부르고 있다.

우리의 이성에는 크게 실천적인 이성과 이론적인 이성이 있기 때문에, 덕에도 실천적인 덕과 이론적인 덕이 있다. 실천적인 이성은 욕망을 통제하면서 양극단을 피하여 중용을 구현하는 이성이며, 이론적인 이성은 진리 그 자체를 탐구하는 이성이다. 행복이란 결국은 인간이 자신의 본질인 이성적 능력을 매사에 잘 발휘하고 있는 상태, 즉 덕을 구현한 상태다. 아리스토텔레스는 인간의 이성적 활동은 크게 세 가지로 나타난다고 본다. 즉 그것은 사물들이 갖는 특성을 향유하는 것으로서, 윤리적인 행동으로서, 이론적인 탐구로서 나타난다. 이와 함께 아리스토텔레스가 말하는 행복을 독일의 철학자 막스 뮐러Max Müller(1906-1994)와 마찬가지로 크게 세 가지로 나눌 수 있을 것이다.

첫째로 먹고 마시고 성행위를 하는 자로서, 곧 감각적으로 향유할 수 있는 자로서 인간이 누리는 행복이 있다. 그런

데 진정한 의미의 감각적인 향유는 그것이 향유하는 것들을 파괴하거나 소모하는 것이 아니다. 그것은 오히려 향유하는 자와 향유되는 것 사이에 감각적인 일치가 이루어지는 것을 의미한다. 인간은 단순히 식욕이나 성욕을 충족시키는 것을 넘어서 자신이 먹는 음식의 맛이나 자신이 성관계를 맺는 상대의 몸을 향유하려고 한다.

참된 의미의 향유는 다른 인간이나 다른 사물들을 정복하고 파괴하려고 하는 탐욕과는 다른 것이다. 참된 의미의 감각적인 향유는 어떤 의미에서 다른 인간이나 사물의 고유한 특성을 그 자체로서 경험하는 것이다. 이 점에서 그것은 하나의 이성적인 활동이기도 하다.

감각적인 향유가 갖는 이러한 성격은 서양철학과 그리스도교의 역사를 지배해 온 금욕주의에 의해 은폐되었다. 이러한 금욕주의는 신체는 악하고 정신은 선한 것으로 보면서 양자를 분리하며, 감각적인 향유를 신체에 속하는 악한 행위로 보면서 배격한다. 이러한 금욕주의에 반해 아리스토텔레스는 인간은 정신과 신체의 통일체로서 존재하기 때문에 감각적 향유를 통해서 인간이 경험하는 행복도 무시할 수 없다고 본다.

감각적인 향유 자체가 나쁜 것이 아니고 그것에 대한 탐닉이 나쁠 뿐이다. 그러나 감각석 쾌락은 찰나적인 것이며, 그것이 지나치면 우리는 그것에 곧 물리게 된다.

두 번째로 사회적 동물로서의, 즉 다른 사람들과 더불어 사는 존재로서의 우리가 갖는 행복이 있다. 아리스토텔레스는 인간의 이성적인 능력은 공동체의 훈육을 통해서만 개발될 수 있다고 보았기 때문에 인간은 공동체를 떠나서 행복을 구하려고 해서는 안 된다고 보았다. 그런데 공동체 안에서 우리가 사람들과 맺는 관계는 수시로 변화한다. 이는 사람들의 성격이 다양하고 사람들의 마음 상태나 생각 등도 끊임없이 변하기 때문이다.

이렇게 끊임없이 변하는 상황 속에서 우리가 항상 중용에 맞게 행동할 때 우리는 행복할 수 있다. 매사에 중용에 맞게 행동하는 이성을 우리는 실천적 이성이라고 부를 수 있겠지만, 아리스토텔레스는 '프로네시스'라고 불렀다. 프로네시스는 '현명한 사려분별'을 의미한다.

예를 들어 용기는 만용과 비겁의 중용이다. 만용의 예로

적과 싸울 때 물러나야 하는데 쓸데없는 자존심 때문에 맞서 싸웠다가 모든 부대가 몰살당하는 것을 들 수 있다. 이에 반해 비겁의 예로는 적과 싸울 때 모든 부대가 전멸할 각오로 싸워야 하는데도 목숨이 아까워서 도망가는 것을 들 수 있다. 따라서 용기는 싸워야 할 때는 죽을 각오를 하고 싸우고, 후퇴해야 할 때는 자존심 따위 고려하지 않고 후퇴하는 것이다.

이러한 예에서 볼 수 있듯이 실천적인 이성은 매 상황에서 자신이 어떻게 행동해야 하는지를 통찰하는 이성이다. 그러나 이러한 이성은 단순히 머리로 알기만 하는 것이 아니라 자신의 통찰을 행동으로 옮길 수 있는 강한 의지력을 갖는 이성이기도 하다.

우리가 매사에 중용에 맞게 행동해야 하는 이유는 무엇인가? 그것이 자신의 이익에 가장 부합되기 때문인가? 예를 들어 수완이 좋은 사기꾼은 자신의 이익을 위해 매 상황에서 적절하게 행동한다. 다른 사람들에게 자신을 정직한 사람으로 보여야 하는 상황에서 사기꾼은 자신이 세상에서 가장 정직한 인간인 것처럼 가장한다. 필요하다면 그는 눈물을 흘리면서 자신이 얼마나 정직하고 진실된 인간인지를 보여 주려고 할 것이다.

그러나 아리스토텔레스는 이러한 사람을 중용을 실현하는 현명한 인간이 아닌 교활한 인간으로 볼 것이다. 매사에 중용을 지키는 사람은 자신의 이익과 공동체의 이익이 충돌할 때 단호하게 공동체의 이익을 선택하는 사람이다. 예를 들어 그는 자신의 목숨을 구하기 위해 전투에서 도망쳐 살아남는 것이 공동체의 붕괴를 초래할 수 있다면, 기꺼이 자신의 목숨을 바친다. 그는 이러한 희생을 통해서 자신이 손해를 본다고 생각하지 않고 자신의 참된 본질을 실현한다고 생각한다. 물론 자신의 이익과 공동체의 이익이 충돌하지 않을 경우에도, 그는 자신뿐 아니라 공동체에 도움이 되는 방향으로 행동한다.

우리는 이렇게 매사에 중용을 지키면서 자신과 공동체 전체에 도움이 되는 방식으로 행동하는 사람을 현명한 사람, 곧 현인이라고 부른다.

세 번째로 세계에 대해서 이론적으로 탐구하는 자로서, 즉 학문을 하는 자로서 우리가 누리게 되는 행복이 있다. 학문 활동을 아리스토텔레스는 세계를 관조하는 활동, 즉 테오리 아theoria라고 부른다. 테오리아는 세계의 영원한 질서를 인식 하는 활동이다. 테오리아를 통해 우리는 순수정신으로 존재 하면서 영원한 질서를 드러내기 때문에 일종의 신적인 영원 성에 참여하게 된다. 따라서 아리스토텔레스는 테오리아야 말로 최고의 행복이라고 본다.

우리는 주로 신체를 통해서 감각적 향유를 누리며 또한 정 신을 통해서 학문을 수행한다. 물론 맛있는 음식을 만들기 위해 요리를 할 경우처럼 감각적 향유에도 이성이 개입하 고, 학문 활동도 관찰을 토대로 하기 때문에 오감을 비롯한 신체가 동원되는 것은 물론이다. 다만 감각적 향유에서는 신체가 주가 되고 학문 활동에서는 정신이 주가 될 뿐이다. 감각적 향유나 학문 활동과 달리 공동체에서의 실천적인 행 위는 신체와 정신 양자가 함께 동원된다.

이런 의미에서 실천적인 행위를 통해 구현되는 행복만이 진정한 의미에서 인간적인 것이라고 할 수 있다. 따라서 우 리는 실천적인 이성을 이론적 이성에 비해 낮게 평가하는 아리스토텔레스에 반해서 실천적인 이성을 가장 중요한 것으로 볼 수 있다. 인간은 일차적으로 순수정신으로서 존재하고 난 후, 부수적으로 사회적·역사적 존재로 사는 것이 아니다.

또한 학문 활동은 여가시간과 탁월한 지성을 가진 사람들만이 실현할 수 있는 활동이다. 따라서 그것은 특정한 부류의 인간들을 위한 행복일 뿐이다. 이에 반해 실천적 이성은 학문을 하지 않은 인간이라도 누구나 구현할 수 있는 이성이다. 그것은 또한 훌륭한 사회인으로서 살기 위해서 모두가 구현해야만 하는 이성이다. 아무리 뛰어난 정치학자라고 해도 정치를 잘한다는 보장은 없지만, 정치학을 전혀 공부하지 않은 사람이라도 현명한 정치를 펼 수 있다.

정치학뿐 아니라 모든 학문은 모든 상황에 적용되는 보편적인 법칙을 파악하는 것을 목표한다. 이에 반해 실천적 이성은 특정한 상황에 적합한 행동이 무엇인지를 파악하는 이성이다. 그런데 인간의 상황은 끊임없이 변화한다. 따라서 각 상황에서 어떤 행동이 적절한지를 파악하기 위해서는 단순히 학문이 밝혀낸 일반 법칙을 적용하는 것만으로는 충분하지 않다. 이는 일반 법칙으로 해명되지 않는 특수한 상황이 너무 많기 때문이다.

근대에서 이성이란 사물들의 작용법칙을 냉정하게 꿰뚫어 보고 그러한 작용법칙을 토대로 그것들을 기술적으로 처리하는 능력이다. 예를 들어 우리는 비가 오는 법칙을 파악하면 그러한 법칙을 이용하여 인공강우를 내릴 수 있다. 또한 사람들의 심리법칙을 제대로 파악하면 사람들을 조종할 수도 있게 된다. 이에 반해 아리스토텔레스가 말하는 실천적 이성은 타인들에 대한 애정에 입각하면서 자기 자신과 아울러 다른 사람들의 성장을 도우려는 이성이다. 예를 들어 다른 인간을 도우려고 할 때 아리스토텔레스는 우리가 낭비와 인색의 중용을 지켜야 한다고 말하고 있다. 다른 인간을 돕되 다른 인간이 자립하는 것을 오히려 저해할 정도로 지나치게 많이 지원하는 것은 낭비다. 이에 반해 다른 인간이 자립하는 것이 불가능할 정도로 지나치게 적게 지원하거나 전혀 지원하지 않는 것은 인색함이다.

낭비와 인색의 중용을 아리스토텔레스는 관대함이라고 말한다. 이처럼 실천적인 이성은 기본적으로 자기 자신과 다른 사람들 그리고 공동체에 대한 참된 애정에 입각한 이성이며, 그것들의 성장을 도우면서 그것들과의 합일을 지향하는 이성이다.

아리스토텔레스에게서 행복은 용기나 관용 이나 지혜와 같은 덕을 실현한 결과로 나중에 따라오는 보상과 같은 것이 아니다. 오히려 유덕한 인간은 덕을 실현하는 가운데서 행복을 경험한다. 유덕한 인간이란 이성적으로 사고하고 행동하는 것이 습관이 된 인간이기 때문에, 그에게는 덕을 실현하는 것이 힘든 일이 아니다. 오히려 덕에 반해서 행동하는 것이 그에게는 더 힘들다. 따라서 아리스토텔레스에게서는 우리가 흔히 생각하는 것과 달리 덕과 행복은 서로 분리되는 것이 아니다. 유덕한 인간은 행복한 인간이고, 행복한 인간은 유덕한 인간이다.

2. 프롬의 행복관

1) 규범적 인간주의

나는 아리스토텔레스의 행복관을 프로이트 등의 정신분석학을 원용하면서 발전시킨 현대의 대표적인 사상가가 에리히 프롬이라고 생각한다. 프롬은 우리가 진정한 의미에서 건강한 삶을 실현할 때만 행복할 수 있다고 본다. 이 경우 프롬이 생각하는 건강한 삶이란 지혜와 사랑과 같은 우리의 이성적 잠재력을 구현한 삶이다. 이러한 삶은 본질적으로 아리스토텔레스가 인간의 이성적인 잠재력을 충분히 구현하는 삶이라고 말하는 사태와 동일하다.

물론 인간이 구현해야 할 이성적 잠재력이 구체적으로 무엇인지에 대한 아리스토텔레스의 사상과 프롬의 사상에는 무시할 수 없는 차이가 있다. 예를 들어 프롬은 사해동포주의적인 사랑을 인간이 구현해야 할 가장 중요한 덕으로 생각하지만, 그러한 사랑은 아리스토텔레스에게는 낯선 것이었다.

아리스토텔레스만 해도 시대적인 한계를 넘어서지 못하고 노예제를 긍정했다. 사해동포주의적인 사랑이라는 이념은 서양에서는 스토아학파와 그리스도교가 대두하면서부터 비로소 중요한 덕으로 간주되기 시작했다. 또한 아리스토텔레스는 진리를 탐구하는 학문이야말로 인간에게 최고의 행복을 가져다주는 것으로 보았던 반면에, 프롬은 모든 인간과 사물에 대한 사랑으로 넘치는 상태를 최고의 행복으로 간주한다.

이러한 차이에도 불구하고 아리스토텔레스와 프롬은 이상적이고 행복한 삶을 인간이 자신의 이성적 능력을 구현하는 것으로 본다는 점에서 공통성을 갖는다. 프롬은 인간이 지향해야 할 규범적인 상태가 있다고 보고 있으며 자신의 이러한 입장을 규범적 인간주의라고 부르고 있다. 프롬의 규범적 인간주의는 다른 문제들과 마찬가지로 인간이 어떻게 하면 행복할 수 있는가라는 문제에도 올바른 해결책과 그릇된 해결책이 있다고 본다. 프롬은 우리가 지향해야 할 규범적인 상태를 실현할 때 우리는 행복해질 수 있다고 본다.

2) 프롬의 욕망관

행복이란 문제를 논할 때 우리는 욕망의 문제를 이야기하지 않을 수 없다. 행복은 결국 욕망을 충족시킬 때 주어지는 것이기 때문이다. 그러나 이러한 욕망에는 감각적 쾌락주의자들이 생각하는 것처럼 식욕이나 성욕과 같은 감각적인 욕망들만 존재하는 것은 아니다. 이러한 욕망들 못지않게 중요한, 아니 경우에 따라서는 그것들보다 더 중요한 욕망들이 존재한다.

앞에서 보았듯이 인간은 약화된 본능 대신에 이성을 가지고 있기 때문에 자신의 삶을 가능성에 가득 찬 희망의 삶으로 경험할 수도 있다. 그러나 바로 그러한 이유로 인간은 자신의 삶을 궁극적으로 책임져야 할 사람은 자기 자신이라는 사실 앞에서 '고독감'과 함께 '무력감'을 느낄 수도 있다. 다시 말해서 인간은 자신이 어떻게 살아야 할지가 분명하게 보이지 않는 세계 안에 무력하게 홀로 던져져 있다고 느낄 수도 있는 것이다.

이러한 고독감과 무력감은 우리가 죽음을 의식할 때 가장 첨예해진다. 우리는 철이 들면서부터는 자신의 삶이 죽음으로 끝난다는 사실을 자각한다. 그리고 죽음 앞에서 자신이 철저하게 무력한 존재이고, 자신의 죽음은 어느 누구도 대신해 줄 수 없으며 자신이 홀로 겪어야 한다는 사실을 의식하게 된다. 더 나아가 우리는 죽음을 생각하면서 우리의 삶은 온갖 노고에도 불구하고 결국은 죽음으로 끝나는 무의미한 것이라고 느끼며 '허무감'에 빠질 수 있다.

인간의 삶은 이성적인 존재로서의 인간만이 빠져들 수 있는 이러한 '고독감'과 '무력감' 그리고 '허무감'과 같이 자신을 짓누르는 감정들에서 벗어나 자신의 삶을 충만하고 활기찬 삶으로 만들려는 몸부림이라고 할 수 있다. 이 점에서 우리는 인간의 삶을 근본적으로 규정하는 것은 식욕이나 성욕이 아니라 인간에게만 특유한 다음과 같은 욕망이라고 할 수 있다. 그것은 다른 인간들과 사물들 그리고 세계와의 결합을 통해서 고독감에서 벗어나고, 자신이 거주하는 세계를 활기와 의미를 느낄 수 있는 곳으로 변형시킴으로써 무력감과 허무감에서 벗어나려는 욕망이다.

이러한 욕망은 첫째로는 고독감에서 벗어나기 위해서 결합과 합일을 원하는 욕망으로, 둘째로는 무력감에서 벗어나기 위해서 세계를 자신이 원하는 대로 변형시키려는 창조와 초월에의 욕망으로, 그리고 세 번째로는 허무감에서 벗어나기 위해서 지향체계와 헌신의 대상을 구하는 욕망으로 나타난다.

a. 결합과 합일에의 욕망

우리는 앞에서 사람들이 고독감 혹은 분리감에서 벗어나기 위해 사용하는 방법들을 살펴보았다. 술에 만취하거나 마약을 사용하여 실현되는 도취적 합일은 일시적인 것에 지나지 않는다. 그것은 또한 인간의 이성적인 능력의 마비를 초래하는 등 인간의 신체와 정신을 병들게 하는 합일이다. 고독감에서 벗어나기 위해서 사람들이 실질적으로 가장 많이 시도하는 방법은 어떤 특정한 집단과 그들이 따르는 관습이나 신앙에 자신을 예속시키는 것이다. 그러나 집단에 예속됨으로써 이루어지는 합일은 합일의 느낌은 줄 수 있지만 자신의 상실을 초래한다는 점에서 사이비 합일에 지나지 않는다.

프롬은 고독감을 극복할 수 있는 가장 완전한 방법이 상대방을 존중하고 상대방의 삶에 함께 책임을 지려는 '사랑'이라고 보았다.

b. 초월과 창조에의 욕망

인간은 무력감에서 벗어나기 위해서 자신이 무엇인가를

할 수 있고, 누군가를 움직이고 누군가에게 인상을 주는 능력을 갖고 있다는 것을 확인하고 싶어 한다. 이러한 능력에 대한 욕망을 프롬은 초월과 창조에의 욕망이라고 부르고 있다.

결합과 합일에의 욕망과 마찬가지로 초월과 창조에의 욕망은 많은 경우 부정적인 형태로 나타난다. 그것은 자신의 명성을 드높이려는 명성에 대한 욕망이나, 다른 사람들을 지배하려는 권력에 대한 욕망, 혹은 사물들을 가능한 한 많이 소유함으로써 자신의 힘을 확인하려는 재물에 대한 탐욕으로 나타난다.

초월과 창조에의 욕망이 긍정적이고 생산적인 형태로 나타날 때 그것은 다른 사람을 도우려는 욕망으로 나타난다. 이 경우 우리는 다른 사람이 행복하게 되는 것을 도울 수 있는 자신의 힘을 느끼면서 뿌듯함을 가질 수 있다.

또한 초월과 창조에의 욕망은 세계를 단순히 자신의 생존을 확보하기 위한 장으로 보는 것을 넘어서 아름다움과 경이로움이 충만한 세계로 보고자 하는 욕망으로 나타난다. 그것은 단순히 생존을 위해 노동하는 것을 넘어서 세계와의 창조적인 관계를 맺으려는 욕망이다. 이렇게 생존을 초월하려는 활동을 우리는 보통 유희라고 부른다.

이러한 의미의 유희는 예술 행위뿐 아니라 종교적인 행위까지도 포함하며, 단순히 생존을 위한 것이 아니라 자신의 능력을 확인할 때는 노동까지도 포함한다. 우리가 이러한 의미의 유희에 몰입해 있을 때 세계는 우리에게 무력감을 느끼게 하는 낯선 세계가 아니라 친근하면서도 경이로운 세계로 나타난다.

c. 지향체계와 헌신할 대상에 대한 욕망

인간은 본능의 구속에서 벗어나 이성을 갖고 있기 때문에, 세계가 덧없이 생성 소멸하며 자신은 아무 근거도 이유도 없이 이 세계에 던져져 있다는 사실을 발견하게 된다. 이러한 상황에 직면하여 인간은 세계와 자신이 존재하는 의미와 자신이 어떻게 살아야 하는지에 대한 의문에 사로잡히게 된다. 다시 말해서 인간은 세계와 자신의 존재 의미를 밝혀 주고 자신이 세계에서 어떻게 살고 행동해야 할지를 지시하는 지향체계를 갖고자 하는 것이다.

이 경우 지향체계는 한갓 머릿속에 머무르는 관념체계에 그쳐서는 안 된다. 만약 인간이 육체를 소유하지 않고 순수하게 지성만을 가지고 있다면 하나의 포괄적인 관념체계에 지나지 않는 지향체계만으로도 충분할지 모른다. 그러나 인간이 정신과 아울러 육체를 갖는 존재인 한, 사고뿐 아니라 행동이나 감정의 차원에서도 인간을 강력하게 사로잡을 수 있는 지향체계가 필요하다.

이렇게 사고뿐 아니라 인간의 존재 전체를 사로잡는 지향체계는 보통 절대적이고 무한한 존재를 중심축으로 둔다. 이는 인간은 삶의 무상함과 자신의 무력함을 의식하면서 자신의 삶이 영원성과 충만한 힘을 갖기를 바라기 때문이다. 인간은 절대적이고 무한한 존재에 귀의함으로써 영원성과 아울러 그 어떤 상황에서도 흔들리지 않는 충만한 힘을 가지려고 한다.

따라서 인간의 존재 전체를 사로잡는 모든 지향체계는 이러한 절대적이고 무한한 존재를 중심으로 하며 이러한 존재에 대한 헌신을 요구한다. 이러한 헌신의 대상은 인간의 모든 욕망과 에너지를 하나의 방향으로 통합하고 그것에 절대적인 확실성을 부여함으로써 그를 모든 종류의 의심과 불안에서 해방시킨다. 이러한 헌신의 대상은 보통 신이라고 불리지만 다양한 형태를 취할 수 있다. 그것은 그리스도교나 이슬람교가 신봉하는 인격신의 형태를 띨 수도 있지만, 히틀러나 스탈린 같은 정치지도자의 형태를 띨 수도 있다.

프롬은 무의미에서 벗어나 삶에 의미를 부여하고 싶어 하는 우리의 욕망을 지향체계와 헌신의 대상에 대한 욕망이라고 부른다. 인간에게 헌신할 대상을 지시하는 지향체계는 세계의 근거와 의미 그리고 그 안에서의 인간의 위치에 대한 이해를 제공해야만 한다. 세계 전체에 대한 이러한 이해를 마련해 주는 것은 보통 종교였다. 이 경우 프롬은 종교라는 단어를 극히 넓은 의미로 사용하고 있으며, 그것은 '집단이 공유하는 사상과 행위의 체계로서 개인에게 지향체계와 헌신의 대상을 제공하는 모든 것'을 가리킨다.

이런 의미에서 종교는 인간과 문화가 존재하는 모든 곳에서 존재하며, 심지어 무신론이 지배하는 곳에서도 존재한다. 사람들은 동물이나 나무, 씨족이나 부족, 민족이나 인종 그리고 어떤 특정한 계급, 눈에 보이지 않는 신, 고상한 인물, 악마와 같은 지도자들, 돈이나 성공을 헌신의 대상으로서 숭배하는 것이다. 이러한 대상들은 인간의 독립과 성장을 돕는 존재일 수도 있는 반면에, 인간을 예속하고 그의 성장을 막는 우상일 수도 있다.

프롬은 인간에게 최고의 독립성과 자각 그리고 모든 존재자와의 합일을 가져다주는 최고의 종교로서 신비주의를 들고 있다. 이러한 신비주의는 신비체험이야말로 종교의 핵심을 형성한다고 본다. 프롬은 이러한 신비체험을 불교와 그리스도교적인 신비주의와 유대교적 신비주의 그리고 스피노자의 범신론이 갖는 특성으로 보고 있다.

신비체험에서 우리는 우주와 하나가 되면서도 자아의식과 통찰력이 극도로 강화된다. 그것은 자신의 완전한 개성에 대한 체험이면서도 자신의 존재와 세계 전체의 궁극적 근거에 대한 체험이다. 그것은 자기 자신이 완성되었음을 느끼는 자긍심의 경험이면서도 자기 자신이 우주라는 베 안의 한 올의 실에 지나지 않는다고 느끼는 겸손의 경험이기도 하다. 그것은 이러한 모순된 경험들의 긴장된 일치이다. 이러한 긴장된 일치 때문에 종교적 체험에서는 명징한 의식, 각성과 아울러 자신이 우주와 하나가 되어 있다는 안정, 평화가 동시에 존재한다.

3) 인간만이 갖는 실존적 욕망의 의의

위에서 살펴본 욕망들은 인간이 자신이 낯선 세계에 고독하고 무력하게 던져져 있다고 생각하면서 어떻게 살 것이냐를 고뇌하는 존재로서 갖게 되는 욕망들이다. 독일의 철학자 하이데거는 인간은 동물과 달리 '자신이 어떻게 살 것이냐'를 고뇌하는 독특한 존재방식을 갖는다고 보았다. 그리고 이러한 존재방식을 '실존Existenz'이라고 불렀다. 결합과 초월을 향한 욕망과 지향체계와 헌신할 대상을 향한 욕망은 실존이라는 인간에게만 특유한 존재방식에서 비롯되는 욕망이라는 점에서 우리는 그것들을 실존적 욕망이라고 부를 수 있다.

이러한 욕망들은 식욕이나 성욕과 같은 생리적인 욕망과는 본질적으로 다른 욕망이며, 진화론이나 프로이트가 시도하는 것처럼 생존욕망과 종족보존욕망으로서의 식욕이나 성욕과 같은 생리적인 욕망들로 환원될 수 있는 것도 아니다. 또한 그러한 욕망들은 실존이라는 인간의 독특한 존재 방식에서 비롯되는 욕망이기 때문에, 생리적 욕망이 만족된 후에야 비로소 나타나는 것은 아니다. 인간에게서는 식욕이나 성욕과 같은 생리적인 욕망들마저도 사실은 실존적인 욕망과 긴밀하게 얽혀 있으며 나름대로의 실존적인 성격을 띠고 있다. 바로 이 때문에 단순히 먹기 위해서 산다는 느낌은 우리의 삶을 공허 속에 빠뜨리고, 사랑 없는 섹스는 씁쓸함을 남기는 것이다.

따라서 그러한 실존적인 욕망들은 인간 존재의 근저에 있는 것이며 인간의 모든 사고와 행동을 근본적으로 규정하는 것이다. 실제로 사람들은 단순히 식욕이나 성욕을 충족시킬 수 없어서 자살하는 경우는 거의 없다. 물론 생활고 때문에 자살하는 사람들도 있지만 이 경우에도 단순히 생활고 자체 때문에 자살하는 것은 아니고, 그것이 초래하는 무력감과 고독감 그리고 열등의식 때문에 자살한다.

예를 들어 한국전쟁 직후의 우리나라처럼 대부분의 사람들이 생활고로 시달리는 때에는 생활고 때문에 자살하는 사람은 극히 드물었다. 이에 반해 요즘처럼 많은 사람이 물질적인 풍요를 누리는 상황에서 생활고는 단순한 생활고를 넘어서 열등의식과 무력감 그리고 고독감을 낳기 때문에 사람들은 생활고를 계기로 자살을 하게 된다. 다시 말해 결합과 합일을 향한 욕망과 초월과 창조를 향한 욕망 그리고 지향체계와 헌신할 대상을 향한 욕망을 충족시키지 못해서 자살하는 것이다.

이러한 실존적 욕망들이 인간을 비롯한 모든 생명에 대한 사랑이라는 성스러운 형태로 나타나든, 혹은 다른 인간들에 대한 지배와 파괴라는 악마적인 형태로 나타나든 그것은 자연과 동물의 영역을 초월하는 것이다. 인간에게만 고유한 욕망은 성스럽거나 악마적인 것의 영역에 속한다. 따라서 인간의 복잡한 심리나 욕망은 식욕이나 성욕과 같은 본능적인 동인으로 환원하여 설명할 수 없다. 동물의 행태로부터 인간의 행동을 설명하려는 진화론적인 시도나, 성욕을 삶의 가장 근본적인 동인으로 보는 프로이트의 이론, 그리고 인간을 단순히 환경에 수동적으로 반응하는 존재로 보는 행태주의는 인간이 어떤 존재인지를 제대로 파악하지 못하고 있다.

실존적 욕망들이 생산적인 형태로 나타날 경우에 그것들은 사랑, 친절, 연대, 자유, 그리고 진리를 구하려는 욕망으로 나타난다. 이에 반해 비생산적인 형태로 나타난 경우에 그것들은 명성과 재물 그리고 권력에 대한 욕망이나, 지배욕이나 정복욕, 광신적인 민족주의나 인종주의와 같은 이데올로기 혹은 광신적인 종교에 예속되고 싶어 하는 욕망으로 나타난다. 전자의 욕망이 기쁨, 자아의 통합, 보다 큰 활력을 낳는 반면에, 후자의 욕망은 슬픔, 분열과 파괴, 활력의 저하를 낳는다. 단적으로 말해서 전자의 욕망은 생명 지향적인 성격을 갖는 반면에, 후자의 욕망은 생명을 파괴하는 성격을 갖는다.

우리는 보통 후자의 욕망에 사로잡힌 사람들을 악인이라고 부르고, 전자의 욕망을 구현하는 사람들을 성인이라고 부른다. 그러나 악인과 성인의 차이는 인간에게만 특유한 욕망들인 결합과 합일을 향한 욕망, 초월과 창조를 향한 욕망, 지향체계와 헌신의 대상을 향한 욕망을 실현하는 보다 나은 해답을 발견할 수 있느냐 없느냐에 달려 있다. 악인은 그러한 해답을 발견할 수 없었기에 비뚤어지고 병들게 된 인간이다. 이런 의미에서 악은 철저하게 인간적인 현상이다. 즉 그것은 인간이 약화된 본능 대신에 이성을 갖고 있기 때문에 생기는 현상이다. 따라서 일부 철학자들이나 심리학자들, 생물학자들처럼 인간에게 천성적으로 존재한다는 공격적인 본능이나 파괴적인 본능에서 악의 기원을 찾는 것은 잘못된 것이다.

프롬은 인간의 공격성이나 파괴성은 본능적인 것이 아니라 실존적인 욕망들이 생산적으로 구현되지 않을 때 나타나는 왜곡된 현상이라고 본다. 이와 함께 프롬은 인류가 유토피아를 충분히 실현할 수 있다고 본다. 우리가 인간의 공격성이나 파괴성을 본능이라고 본다면 우리는 그것을 제거할 수 없을 것이다. 그러나 그것들이 실존적인 욕망들을 생산적으로 구현하지 못할 때 나타나는 현상이라면, 실존적인 욕망들이 생산적으로 실현될 때 그것들은 제거될 수 있게 된다. 우리 인류는 그동안 자연과학의 발달을 통한 '기술적 유토피아'의 건설을 위해 엄청난 에너지와 지성과 열정을 쏟았다. 프롬은 이것들을 '인류애가 지배하는 유토피아'의 실현을 위해 쏟는다면, 이러한 유토피아 역시 충분히 실현될 수 있다고 본다.

인간의 내면에서는 금욕주의적인 종교나 철학이 주장하는 것처럼 이성과 욕망이 갈등하는 것이 아니다. 오히려 프롬이 말하는 생명 지향적인 욕망과 파괴 지향적인 욕망이 서로 갈등한다. 구체적으로 말해서 우리에게는 다른 사람들이나 사물들과 진정한 의미의 사랑에 의해서 결합하고 싶어 하는 욕망도 있지만, 다른 한편으로는 손쉽게 술과 마약에 의존해서 결합을 실현하고 싶어 하는 욕망도 있다. 우리는 다양한 창조적인 활동을 통해서 자신의 힘을 고양하려는 욕망도 있지만, 다른 한편으로는 다른 인간들이나 사물들을 지배하고 정복함으로써 자신의 힘을 확인하고 싶어 하는 욕망도 있다.

이러한 생명 지향적인 욕망은 우리의 삶에 진정한 활력과 충만한 의미를 부여하고 우리 이성이 지향하는 방향에 합당한 욕망이다. 우리의 이성은 종종 길을 잘못 들기는 하지만 근본적으로 행복하고 건강한 삶을 지향하기 때문이다. 따라서 우리는 생명 지향적인 욕망을 건강하고 이성적인 욕망이라고 부를 수 있다. 파괴 지향적인 욕망은 그러한 욕망을 충족시키는 그 찰나에는 우리 삶에 활력과 충만한 의미를 부여하는 것같이 보인다. 그러나 그것은 종국에는 우리를 병들게 하고 공허 속에 남겨 두며 이성이 지향하는 방향에 배치되기 때문에 우리는 그러한 욕망을 병적이고 비이성적인 욕망이라고 부를 수 있다.

병적인 욕망들이 공통적으로 갖는 특성은 그러한 욕망들에 사로잡힌 사람들은 삶의 문제를 사랑과 지혜와 같은 자신의 이성적인 잠재능력을 실현하고 성숙시킴으로써가 아니라 외부의 것들에 의존함으로써 해결하려고 한다는 점이다. 즉 그들은 알코올이나 마약, 특정한 종교적인 집단이나 정치적 집단, 특정한 정치적 이데올로기나 종교, 타인이나 물질적인 재산 등에 의존함으로써 삶의 문제를 해결하려고 하는 것이다.

4) 프롬의 행복관

프롬에게서도 행복은 아리스토텔레스와 마찬가지로 미덕에 대한 보상이 아니라 미덕 그 자체다. 아리스토텔레스가 말하는 덕은 프롬식으로 말하면 인간이 자신의 실존적인 욕망들을 이성적으로 충족시키는 것, 즉 사랑과 지혜와 같은 이성적 잠재능력들을 실현함으로써 충족시키는 것이다. 우리는 자신의 신존적인 욕망들을 자신뿐 아니라 다른 인간들과 사물들의 건강한 성장과 행복에 도움이 되는 방식으로 구현할 때 자신의 삶에 진정으로 만족할 수 있다.

또한 아리스토텔레스와 프롬은 우리가 불건전한 욕망들을 억누르기 때문에 행복을 즐길 수 있는 것이 아니라 도리어 행복을 즐기기 때문에 그러한 욕망들을 억누를 수 있다고 본다. 신중하고 현명한 지혜와 뭇 생명에 대한 따뜻한 사랑을 구현하는 사람은 항상 마음이 평온하고 지속적인 만족을 누리고 있다. 따라서 그는 찰나적이고 자극적인 욕망들을 쉽게 물리칠 수 있는 것이다.

프롬은 아리스토텔레스와 마찬가지로 주관적인 쾌락의 체험은 어떤 행동이 선한지를 판별할 기준이 될 수 없다고 본다. 그들은 '인간의 이성적 잠재능력을 실현하는 행동과 그것에 수반되는 만족감'만이 진정으로 인간에게 좋은 것이라고 본다. 이런 의미에서 그들은 진정한 행복과 거짓된 행복을 구별하고 있으며, 진정한 행복은 인간의 본성적인 능력을 실현하는 올바르고 덕스러운 생활을 통해서만 주어진다고 생각했다.

진정한 행복은 인간의 내적 생산성에서 야기되는 성취이며 신이나 물질과 같은 외적인 존재가 부여하는 선물이 아니다. 또한 행복은 생리적이거나 심리적인 불만족에서 비롯되는 탐욕의 충족을 통해서 주어지는 쾌감이 아니다. 행복이 그와 같은 것이라면 사람들은 행복하기 위해서는 일단은 불행하고 불만족스러워야 한다는 역설이 발생할 것이다. 행복은 모든 건강하고 이성적인 사고와 감정과 행동에 수반되는 것이며, 행복한 자란 자신의 이성적 잠재능력을 생산적으로 실현하는 삶의 기술이 탁월한 자다.

이상에서 보듯이 프롬의 인간관과 행복관은 아리스토텔레스의 인간관과 행복관과 일맥상통한다. 다른 한편 프롬의 욕망관은 아리스토텔레스의 인간관과 행복관을 보완하는 측면이 있다. 인간의 삶을 근본적으로 규정하는 실존적인 욕망들이 무엇인지를 드러내고 있는 프롬의 욕망관은, 아리스토텔레스가 말하는 이성적인 행위들이 근본적으로 어떤 욕망에 입각하고 있는지를 보여 준다.

이 점에서 프롬의 행복관은 아리스토텔레스 행복관의 중요한 점을 보완하고 있다고 여겨진다. 아리스토텔레스가 말하는 감각적인 향유와 매사에 중용을 실현하려고 하는 실천적 지혜에는 결합을 향한 욕망과 초월을 향한 욕망이 함께 작용하고 있다. 그리고 학문 활동에는 지향체계와 헌신의 대상을 향한 욕망이 작용하고 있다. 이와 같이 프롬의 욕망관은 아리스토텔레스의 인간관과 행복관의 근저에서 작용하는 욕망을 드러내고 있다.

인간과 행복에 대한 자신의 독특한 사상에 입각하여 프롬은 프로이트의 이론을 재해석하고 있다. 프로이트는 성적인 에너지가 제대로 실현되지 못할 경우 신경증적인 불안(노이로제)이 초래될 수 있다는 사실을 드러내었다. 프롬은 프로이트의 이러한 이론이 성적인 에너지뿐 아니라 자신이 지닌 생산적 에너지를 제대로 발휘하지 못하게 되면 정신적인 병에 걸리고 불행해지는 인간의 특성을 상징적으로 표현하는 것이라고 보고 있다.

예를 들어 인간은 말하고 생각할 수 있는 능력을 부여받았다. 이러한 능력들이 저지당하게 되면 인간은 심한 상처를 입게 된다. 또한 인간은 자신과 아울러 모든 사물을 사랑할 수 있는 능력을 부여받았다. 인간이 모든 사람과 사물을 사랑하는 것은 결코 인간을 초월하는 현상이 아니며 인간이 본래 가지고 있는 힘이다. 만일 이러한 힘을 제대로 사용할 수 없다면, 그것은 자신과 타인들을 파괴하는 데 사용되고 인간은 자신뿐 아니라 다른 사람들까지도 고통과 불행에 빠뜨릴 것이다. 이런 맥락에서 프롬은 갖가지 정신질환은 인간이 자신의 이성적 잠재능력을 제대로 발휘하지 못한 데서 생긴다고 주장한다.

3. 인격의 도야와 행복

행복이란 아리스토텔레스가 말하는 것처럼 인간이 궁극적으로 추구하는 목적이다. 그런데 사람들은 흔히 행복을 아무런 고통도 없는 즐거움이라고 생각한다. 인간이 궁극적으로 추구하는 행복이 이런 것이라면, 지속적인 오르가즘을 느끼게 하는 용액을 발명해서 뇌를 그것에 영구적으로 담가 놓는 것이 최대의 축복이 될 것이다. 그러나 사람들 대부분은 이렇게 철저하게 수동적으로 쾌감을 느끼게 되는 상태를 행복한 상태가 아니라 끔찍한 상태라고 생각할 것이다.

그럼에도 우리 시대의 많은 사람이 행복해지기 위해서는 별다른 능동적인 노력이나 기술이 필요하지 않다고 생각한다. 행복은 사회적으로 성공하고 돈과 명성과 권력을 갖게 되면 자연히 따라온다고 생각하는 것이다. 사람들은 지속적인 오르가즘을 느끼게 하는 용액에 의존하여 행복을 얻는 것은 끔찍하게 생각하면서도, 행복이 돈과 명성 그리고 권력과 같이 자신의 외적인 것에 의존한다고 생각한다.

이에 반해 프롬은 인간은 돈이나 명성 혹은 권력을 얻었을 때가 아니라 자신의 이성적 잠재능력을 전개할 경우에만 행복할 수 있다고 생각한다. 프롬은 행복이란 아리스토텔레스와 마찬가지로 이성적으로 사고하고 행동하는 것이 습관화된 사람이 자신의 삶에 대해서 갖는 만족감이라고 보는 것이다. 달리 말해서 행복은 어떤 사람이 얼마나 자신의 인격을 성숙시켰는가에 달려 있다.

우리는 의식적으로든 무의식적으로든 자기 삶의 이상적인 완성을 지향한다. 따라서 우리의 삶은 단순히 우리가 순간순간 경험하는 상태들의 연속이 아니다. 우리 자신의 삶이 순간순간 경험하는 상태들과 동일하다면, 우리에게 중요한 것은 매 순간 가능한 한 많은 쾌락을 얻는 일일 것이다. 그러나 우리가 순간순간 경험하는 감정들은 모두 지향적인 성격을 갖는다. 우리는 쾌락에 빠지는 어떤 순간에도 자신의 삶 전체에 중요한 무엇인가가 빠져 있다고 느낄 수 있다. 곧 우리는 우리의 경험들을 우리가 의식적으로든 무의식적으로든 추구하는 이상적인 상태와 비교하면서 평가하는 것이다.

이러한 이상적인 상태란 우리가 이성적으로 사유하고 행동하면서 자신의 이성적 잠재능력들을 구현하도록 도울 뿐 아니라 다른 사람들도 이성적으로 사유하고 행동하는 자립적인 인간이 되도록 돕는다. 이에 반해 현대인들의 행복관이라고 볼 수 있는 감각적 쾌락주의는 극히 개인주의적이다. 그러한 행복관에 따라서 사람들은 다른 사람들이나 다른 사물들을 자신의 쾌락을 위한 수단으로 삼으려고 할 뿐이며 그것들이 갖는 고유한 존재와 그것들과의 인격적인 교감에서 경험할 수 있는 행복감은 무시해 버린다. 이 경우 행복한 사람이란 인생에서 가능한 한 가장 자주 쾌감을 맛본 사람이 될 것이다.

그러나 인간은 공동체를 위해서 자신을 희생하거나 다른 사람이 그 자신을 발견하고 실현하도록 돕는 가운데 자신을 희생할 수도 있다. 이러한 자기희생은 행복과 모순되는 것이 아니라 인간의 이성적인 본질을 구현하는 최고의 행위로서 행복과 결합될 수 있다. 물론 이 경우의 행복은 감각적 쾌감처럼 어떤 특정한 감각이 자극되는 데서 느끼는 쾌감이 아니라, 온 인격 전체가 느끼는 만족감과 뿌듯함이다.

앙리 마티스, 〈춤 Ⅰ〉, 1909.

[세창명저산책]

· 세창명저산책은 계속 이어집니다.